珍藏本
纪念版

汉译世界学术名著丛书

美国宪法的经济观

〔美〕查尔斯·A.比尔德 著

何希齐 译

2017年·北京

Charles A. Beard

AN ECONOMIC INTERPRETATION OF THE CONSTITUTION OF THE UNITED STATES

With New Introduction

The MacMillian Company, New York

1947

根据纽约麦克米伦公司1947年版本译出

汉译世界学术名著丛书
（120 年纪念版·珍藏本）
出 版 说 明

2017 年 2 月 11 日，商务印书馆迎来 120 岁的生日。120 年前，商务印书馆前贤怀揣文化救国的理想，抱持“昌明教育，开启民智”的使命，立足本土，放眼寰宇，以出版为津梁，沟通中西，为中国、为世界提供最富智慧的思想文化成果。无论世事白云苍狗，潮流左右激荡，甚至战火硝烟弥漫，始终践行学术报国之志，无改初心。

逐译世界各国学术名著，即其一端。早在 20 世纪初年便出版《原富》《天演论》等影响至今的代表性著作，1950 年代后更致力于外国哲学和社会科学经典的译介，及至 1980 年代，辑为“汉译世界学术名著丛书”，汇涓为流，蔚为大观。丛书自 1981 年开始出版，历时三十余年，迄今已推出七百种，是我国现代出版史上规模最大、最为重要的学术翻译工程。

丛书所选之书，立场观点不囿于一派，学科领域不限于一门，皆为文明开启以来，各时代、各国家、各民族的思想与文化精粹，代表着人类已经到达过的精神境界。丛书系统译介世界学术经典，引领时代思想，为本土原创学术的发展提供丰富的文化滋养，为推动中国现代学术和现代化进程做出了突出的贡献。

为纪念商务印书馆成立120周年，我们整体推出“汉译世界学术名著丛书”120年纪念版的珍藏本，寄望既利于文化积累，又便于研读查考，同时向长期支持丛书出版的译者、编者和读者致以敬意。

两甲子后的今天，商务印书馆又站在了一个新的历史时间节点上。我们不仅要铭记先辈的身影和足迹，更须让我们的步伐充满新的时代精神。这是商务人代代相传的事业，更是与国家和民族的命运始终紧密相连的事业。我们责无旁贷，必须做好我们这代人的传承与创造，让我们的努力和成果不仅凝聚成民族文化的记忆，还能成为后来人可以接续的事业。唯此，才能不负前贤，无愧来者。

商务印书馆编辑部

2017年10月

再版说明

本书是一部探讨美利坚合众国宪法制定过程的重要著作，在美国学术界有较大影响，对我们研究美国历史和美国政体有重要参考价值。作者查尔斯·A. 比尔德是美国的著名历史学家。1949年3月，我们第一次出版了本书的中译本；这次再版以前，我们又根据原著对译文作了修订，并按现在对译名的要求统一了全书译名，体例也作了一些变更。

承蒙东北师范大学丁则民教授为这次再版写了序言，谨此致谢。

译者

1983年5月

中译本再版序言

本书作者查尔斯·A. 比尔德(Charles A. Beard)(1874—1948)是美国著名的历史学家、美国史学的经济学派创始人之一。他是个多产的著作家,总共发表过三百多篇论文,出版过约六十部著作,其中最受推崇的是他同他的妻子玛丽·R. 比尔德合写的名著《美国文明的兴起》(1927年)。他在美国学术界有很大的影响,特别是两次世界大战之间,他的史学思想对美国历史写作方面几乎占有支配地位。

比尔德在二十世纪初期曾强调经济因素在历史中的决定性作用,本人也承认读过马克思的著作,受到马克思主义的影响。1913年出版的《美国宪法的经济观》就是他运用“经济决定论”解释历史的主要著作,也是一部探讨美国宪法制定过程的权威性著作。

他早年虽然用经济史观去解释历史,但是他不承认上层建筑对经济基础的反作用,也不承认无产阶级革命,所以他的经济史观是机械的、片面的,反映了帝国主义形成的初期一部分资产阶级改良主义历史学家的世界观。后来,到了本世纪三十年代,他逐渐放弃了经济史观,转向相对主义,进而认为历史是多元的,历史的发展不具有客观性。这表明他在史学思想方面的倒退。

1787年制定的美国宪法,是近代资本主义国家的第一部成文宪法，它对美利坚合众国后来的发展以及世界各国宪政的建设都有重大的影响。但是，美国制定这部成文宪法的决定力量是什么？它们在制定宪法过程中有哪些矛盾和斗争？最后又是怎样达成妥协的？这些都是长期以来美国人所关注的问题，但是探讨这些问题的著述却很少。过去，美国历史学家多从政治史角度出发，阐述美国宪法的起源与实质，他们的论述往往是就事论事，“缺乏对于（宪法背后）决定力量的分析”。而且他们认为宪法是超阶级的，说它“建立在全民同意的广泛的自由与统治原则上，超越了任何特殊集团或阶级的利害”。美国早期学派历史学家乔治·班克罗夫特就持有这种观点。十九世纪初期最高法院首席法官约翰·马歇尔对麦卡洛克诉马里兰案[①]所发表的见解，也发挥了这种观点。针对这种盛行的观点，比尔德在其所著的《美国宪法的经济观》这本书中强调指出：法律不是一种抽象的事物，而是有其现实的性质；大部分法律都涉及人与人之间的财产关系，因而那些强有力的利益集团必然要促使政府制定某种法律，以便它们得以继续其经济活动，从而实现其目的。由此，他得出结论说：“宪法不是所谓‘全民’的产物，而不过是希望从中获得利益的一个经济利益集团的产物”，“在社会的巨大变革中，就像在制定与通过宪法所引起的变革中，经济力量是原始的或根本的力量，而且比其他的力量更足以解释事实。”他还认为，美国宪法制定者之所以能够跻身于世界著名的政治活动家之列，主要“就由于他们承认经济利益在政治上的力

① 指1817年第二合众国银行巴尔的摩分行反对马里兰州对它所发行的票据征课重税的诉讼案。

量，并且巧妙地加以运用"，"从而把一个新的政府建立在唯一可以稳定的基础——经济利益基础——之上"。

根据这种"经济决定论"，比尔德在他的这部著作中，仔细研究了美国开国元勋们制定宪法的动机和他们代表的经济利益。他调查研究了 1787 年美国经济权力的分配情况，详细列举了制宪会议每个代表拥有的财产和经济利益。根据他对美国财政部档案文献的分析研究，在出席制宪会议的五十五名代表中四十人拥有公债券，十四人是土地投机商，二十四人是高利贷者，十五人是奴隶主，十一人从事商业、制造业和航运业。没有一个人代表小农和手艺人的利益，而这些人却占当时美国人口的绝大多数。因此，他得出结论说：美国制宪会议代表的大多数不是投资于"不动产"而是投资于"动产"；发起和推动美国制宪运动的是四个动产利益的集团：即货币、公债券、制造业、贸易和航运业。出席制宪会议的代表中，"至少有六分之五的人对他们在费城的努力结果有紧密的、直接的和个人的利害关系，而且由于宪法的通过他们在不同程度上成为经济上的受益人"。因为他认为，这些代表的多数都握有政府发行的公债券，在宪法实施后，这些公债券不但提高了价格，而且得到了偿还。除了上述目的外，美国宪法制定者还力图加强资产阶级专政，以防止和镇压"无财产"群众的"骚动"。正像当时联邦党人、后来当选为美国第四位总统詹姆斯·麦迪逊所强调指出的那样："……（我们的）政府应保障国家的长久利益以免有所变动。……应该这样组成政府使富裕的少数得到保护，不受多数人的侵犯。"

比尔德虽然用经济史观去解释美国宪法，但他否认他对历史的经济解释来源于马克思的学说，而强调他对美国宪法的探讨是

以麦迪逊的政治学思想为根据的。他解释说，关于历史上阶级或集团斗争的思想，并非马克思首创的，而是远在纪元前便出现于亚里士多德的著作中，并为晚近学者所周知。为了反驳有人指责他采用的经济史观是欧洲的舶来品，他强调指出，早在马克思诞生之前，美国开国元勋麦迪逊便在《联邦党人文集》第十篇论文中详尽地阐述了这种思想，作出了“关于政治问题的经济决定论的精辟论述”。

至于制定宪法过程中都有哪些矛盾、斗争的问题，比尔德也从“经济决定论”出发，作出了具体分析和概括。他认为，在当时社会阶级斗争日趋剧烈的形势下，尽管资本家与种植园主都有制定美国宪法以加强资产阶级政权的共同要求，但是由于他们的经济利益各不相同，在制宪会议期间也出现了不少矛盾和分歧。比如：商人与奴隶主、大州与小州之间的矛盾，南部各州的奴隶应算作征收联邦捐税的财产还是应算作据以决定代表名额的人口，以及在商业管理方面的分歧，等等。他们之间这些矛盾和分歧在上述共同要求的前提下，经过不断讨价还价的交易，逐一达成了妥协。但是，比尔德却认为，这些矛盾和分歧的解决标志着城市资产阶级对种植园主的胜利，美国宪法乃是资本家债权人一致反对拥有土地的债务人的工具。

在各州批准和通过美国宪法的过程中，也产生了更加剧烈的矛盾和斗争。比尔德认为，支持宪法的是富有的动产集团，反对宪法的主要是不拥有奴隶从事耕种的农民和负债者。双方在这一斗争中形成了明显的分野。

美国宪法创制人之所以能使这部宪法获得通过，除了他们大肆制造舆论和施展各种计谋和手段外，主要是因为当时美国大多数群众没有参加投票的资格。用比尔德的话来说，那就是“在批准宪法方面，约有四分之三的成年男子没有对这一问题投票，他们不是由于漠不关心，便是因财产限制而被剥夺了选举权，因而没有参加各州批准宪法会议的代表的选举”，“参加投票批准宪法的人可能不超过成年男子的六分之一”。所以，它不是“全体人民”所创制的宪法，而是由一小撮动产利益集团所制定的。这个“巩固的集团，其利益是没有州界的，其活动范围是真正全国性的”。因此，在比尔德看来，美国开国元勋们就是一伙“有才干的资本家投机商”形成的集团，他们“成功地哄骗一般老百姓去接受一个旨在有利于少数显贵而设计的政体”。

第二次世界大战后，由于有关十八世纪美国革命的历史资料的不断发表和历史研究的日趋深入，比尔德对美国宪法的某些解释以及这些解释所依据的史料都遭到了批评和质疑。归纳起来，对他这部著作的评论主要集中在以下几个方面。

首先是关于比尔德将制宪会议成员划分为投资于“动产”和“不动产”的两分法问题。根据比尔德的划分，投资于“动产”者主要代表城市商业利益的集团，他们在政治上是支持宪法的联邦主义者；而投资于“不动产”的主要代表乡村农业利益集团，他们在政治上是反对宪法的反联邦主义者。有些历史学家批评比尔德用这种两分法来划分宪法的支持者与反对者——即联邦主义者和反联邦主义者——不仅不符合实际，而且把一些错综复杂的社会政治情况简单化了。他们认为，宪法的支持者与反对者既不能以比尔德的两分法来划定，更不能以城市和乡村作为划分的界限，因为后者完全忽视了乡村、特别是城市附近的乡村与城市商业集团的关系。在这个问题上，著名的历史学家杰克逊·梅因写道："商业利益并非仅限于城市，一些商业中心为附近的乡村地区所支持，这些乡村地区依靠城镇，把它们作为市场或代理机构，以便通过它们把他们的产品向海外输出。这就是说，商业利益也包括大量的农民（主要是大种植园主。——作者）。……他们分布在一些河流盆地，从而促使大种植园主和大地主联结到这种商业关系中来。"[①]所以，他们自然而然地倾向于联邦主义。还有的历史学家认为，比尔德关于"不动产"（即投资于农业的资本——作者）的概念也是不科学的和不严谨的，因为他的这种"不动产"的概念混淆了不同种类"农民"之间的差别：既混淆了北部、西部小农场主、自耕农与南部种植园主的差别，也混淆了"商业化"的农民与"内地"农民之间的差别[②]。

第二，关于奴隶制在制宪过程中的重要地位问题。比尔德和弗雷德里克·特纳一样，都竭力缩小了奴隶制在内战前美国历史中的作用。比尔德在他这部著作中仅用短短几行谈到奴隶，并且没有把奴隶制问题放到应有的重要地位。新左派历史学家斯托顿·林德就曾指出，如果像比尔德所说，有"一大批无产的群众……从开头起就被排除在制定宪法工作之外"的话，那么占全国人口五分之一的世世代代遭受奴役的奴隶就应该比其他白人集团

① 参看杰克逊·T.梅因：《1781—1788年反联邦主义对宪法的评论》，1961年英文版，第271、280页。

② 参看斯托顿·林德：《阶级冲突、奴隶制与美国宪法》，1967年英文版，第15—16页。

得到更充分的阐述。奴隶和奴隶制不仅没有得到充分的阐述，而且它们在比尔德分析宪法形成过程中也居于一种非常模糊不清的地位：比如黑人奴隶究竟是“动产”还是“不动产”，他都没有提出肯定的看法；对南部奴隶主作为一个利益集团究竟是支持还是反对宪法，他根本没有明确的表态。

第三，比尔德在这部著作中承认北部资产阶级与南部种植园主之间，由于各自经济利益的不同，在制宪会议期间出现了不少的矛盾和分歧，但他断言这些矛盾和分歧经过一番讨价还价后是以城市资产阶级对种植园主的胜利而告终。他的这一结论既与早期历史学家、特别是废奴主义历史学家的观点相对立，也为当代美国历史学家所不同意。比如，斯托顿·林德就认为美国宪法的制定并非城市资产阶级对种植园主的胜利，而是这两个剥削阶级集团之间妥协的产物。他还进一步分析说，美国宪法既然是城市资产阶级与种植园主双方妥协的产物，为什么比尔德却认为是前者对后者的胜利呢？这里面固然有许多因素，但其中关键因素就是比尔德忽视了奴隶制问题在美国宪法形成过程中的重要作用，因而把资产阶级对奴隶制的让步看成是无关宏旨的让步了。

第四，关于比尔德说他的“经济决定论”是以麦迪逊的《联邦党人文集》的第十篇论文为依据的问题。有的历史学家[①]指责比尔德引用该篇论文时作了“罕见的歪曲”，因为他完全略去了该论文阐述非经济的动机的部分。而且这位历史学家还指出，从该论文

① 参看道格拉斯·阿戴尔：《重读〈联邦党人文集〉第十篇》(英文版)，载《威廉—玛丽学院季刊》，第3辑，第8期(1951年1月)，第48—67页。

发表的时代来看,“它与其说是经济决定论,倒不如说是指导十八世纪问题的十八世纪政治理论”;“这种政治理论是被后人称为‘杰斐逊民主政治’的思想运动中富有创造性的伟大成就之一”。

尽管比尔德的这部著作存在着上述问题和一些缺陷,但它仍不失为一部有价值的权威性著作。同过去出版美国宪法史或有关宪法的政治史的著作相比,比尔德运用经济分析的方法来探讨美国宪法的形成过程,确实前进了一大步,因为他抛弃了过去那种单纯就事论事的历史写作方式,而是深入到制定美国宪法背后的经济力量的范畴,并且根据当时可能搜集到的大量资料,对“动产”利益集团在制宪过程中的重大作用作出了比较准确的描述。这自然为美国历史研究指出了一种新的探索方式。

比尔德对美国宪法的经济分析及其研究方法,直到最近,仍在美国历史写作方面有着巨大的影响。比如有的当代美国历史学家[①]认为比尔德的这部著作不仅为美国建国初期政治派别的斗争提供了具体的阶级基础,而且他所运用的研究技术——“集体的传记”方式——也是一种令人注目的示范,而这种研究技术直到近年来才在历史研究中为人们所普遍采用。

丁 则 民

1983 年 7 月

① 参看约翰·海厄姆为《社会科学的国际百科全书》(英文版)所写关于比尔德的条目,1972 年纽约版,第 2 卷,第 35—36 页。

目　录

1935 年版序言 …………………………………………………… 1

序　言 ………………………………………………………… 12

第一章　解释美国历史的派别 ………………………………… 15

第二章　1787 年经济利益集团概观 …………………………… 27

第三章　制宪运动 ……………………………………………… 49

第四章　代表选举中的财产保障 ……………………………… 57

第五章　制宪会议各代表的经济利益 ………………………… 63

第六章　作为经济文献的宪法………………………………… 116

第七章　制宪会议代表的政治学说…………………………… 142

第八章　宪法的批准过程……………………………………… 161

第九章　民众对宪法的投票…………………………………… 176

第十章　对宪法投票的经济背景……………………………… 186

第十一章　同时代人关于批准宪法的经济斗争的看法……… 220

1935 年版序言

本书于 1913 年初版，当时适值进步党成立，共和党分裂，关于参议员民选问题、二人赔偿问题以及其他社会立法问题，争执甚烈——议论骚然。这时候，西奥多·罗斯福曾以“新民族主义”的题目，提出若干基本的问题，希望使联邦政府能够渡过因铁路、工业集中、边疆自由土地的封闭与劳工在美国经济中的新地位所引起的种种难关。罗斯福先生进而考虑司法在美国政体中的地位。他表示重视司法之后，却主张限制司法的权力。他认为“由于滥用裁决法律违宪的权力，法院早已成了立法的机关而不是执法的机关了”。为要制止司法的偏颇，他提出一种“撤销法院裁决”的办法。他建议“当法院判决一次宪法问题时，当法院判决人民全体可以做些什么或不可以做些什么时，如人民认为法院裁判错误，人民必须有权撤销法院的裁判”。由于这种主张和反对的主张，所以当《美国宪法的经济观》一书初度问世之时，“舆论的空气”整个地受到了轰动。

然而本书却不是为了当时的论争而写作的。无疑，我和所有的学者一样，多少受了“时代精神”的影响，不过我却不曾想过替进步党或其保守的批评者和反对者张目。在本书出版的前几年，我就已经开始了宪法的研究，那时候，舆论界还丝毫没有注意到宪法问题。在研究中，我曾读到各位开国元勋的许多著述，我很惊讶，他们大都着重于把经济的利益作为政治上和制定法律与宪法的力量。麦迪逊在《联邦党人文集》第十篇中所提出的政治哲学，给我的印象尤深。它似乎给当时制宪的实际活动——麦迪逊本人在这些活动中就担当了主要的角色——划出了一条线索。

麦迪逊对于宪法的看法显然同我在学校、在大学、在法律团体里所熟悉的大部分关于宪法的理论大相径庭。老一辈的历史家，例如希尔德雷斯，确曾指出当时制定与通过宪法曾经发生过剧烈的斗争，在斗争中曾经出现过经济利益的鸿沟。大法官马歇尔在其《乔治·华盛顿的生平》里，也确曾概述过宪法所从而产生的经济冲突。但是到了十九世纪的末叶，关于宪法的现实的看法大部分消沉下去了，代之而起的却是关于各州权利和国家主权的抽象论究，以及法律思想的形式的、论理的和枝节的分析。当然，谁都承认在制定和通过宪法时曾经发生过激烈的争执；然而这种斗争却往往仅被加以如下的解释，说是当时有些人士尊重各州的权利而另一些人士则主张要有一个坚强的中央政府。在我开始研究工作时，一般流行的看法便是克拉克·史密斯教授新近发表的那种看法："从前的历史家曾把制定与通过宪法的斗争描绘为派别的斗争，结果慎思的具有民族思想的人士战胜了褊狭的比较富有地方思想的反对派。"然而，何以有些人士会有"民族思想"而且能够"慎思"，而另一些人士却会变成思想"褊狭"而且"富有地方思想"呢？这些问题却不曾引起十九世纪末叶的历史学者的考虑。这些学者也不曾费力解释他们随意取用的"派别"一词的含义。它究竟是表示自然地理上的区域呢，还是表示在自然环境影响下的一个地理

区域里面的社会经济的区别呢?

然而他们却告诉我一件事情,那就是要突破同时代人物所著述的历史书籍,就得阅读“资料”。因而,我阅读了参加制宪的各位人物遗留下来的有关宪法的书信、论文和文献。出乎意料之外,我发现许多开国元勋都认为关于宪法的争执主要是由于经济利益的冲突,这种经济利益的差别多少带有地理的或区域的分布。在这种历史观遭受历史作者忽视的时候,这个发现使我感到了“生命的震惊”。因为关于宪法的这一方面曾受到了长期的漠视,也许是“自然的”,我要加以强调,而予以纠正。我把我的著作定名为《美国宪法的经济观》。我不称之为“经济解释”或“唯一的经济解释”。我也并不以为本书是制宪的“历史”。这样,我们可以让我的读者在阅读我的理论之前,先有一种戒备。我并不企图以完整的概括的好听名称炫惑他们。我的目的仅在于反映那些经济斗争的事实,这些事实曾被我们的前辈忽视了,或者仅仅被视为偶然的而非基本的背景。

本书出现之后,保守的共和党人,包括前总统塔夫脱。曾深表谴责,而进步党人和左派人士则备至颂扬。也许从无一本关于宪法的著述曾经受到那样严厉的批判,而却仅有那样少数的人士加以阅读。也许从无一本关于这个课题的著述曾被牵强附会到那样程度,借以证实各种的主张和计划。它曾被一位社会主义的作者用以支持其重新制定宪法的计划;它也曾被联邦最高法院的一位保守的法官用以袒护对于一项“社会立法”的攻击。纽约律师协会的若干会员对于本书曾深感惊异,他们组织了一个委员会,传我出席。当我予以拒绝,表示我并不参与法律活动或政治活动时,他们却认为我的答复是冒犯法纪。没有几个人采取了法官霍尔姆斯的立场。霍尔姆斯先生曾经对我表示，他对于我的著作并不惊讶，有如他的一些同事那样，他以为这本著作可以在宪法的本质上投下一线曙光。据他看来，事实确是这样。

在我的史学界的同事当中，大家对于本书的态度很不一致。邓宁教授在给我的一封书信上说：他认为本书是“文字的纯乳”，虽然可以“使异教徒冒火”。哈特教授表示本书并无轻率之处。另有一些人士则企图加以归宗，而称之为“马克思学派”。直至1934年，史密斯教授在美国史学会的一次演讲中，表示他对本书的观感，还把本书作为一派的历史著述的例子，以为这是“教条学派”，缺乏“无党派性”。他说：“这一派的观点是：美国历史，有如所有的历史，可以而且应该以经济关系加以说明……当然，这种思想是可以在马克思的学说中找到根源的。”史密斯教授下了这样的断语之后，进而对《美国宪法的经济观》一书进行学术上的攻击。

为什么对宪法加一种经济的解释，就一定要比其他的解释更有党派性——这是毫无道理的。这可以用以谴责参加斗争的一方或他方，但却不能用以诬蔑一个仅事解释的作者。一种经济的解释可能是不偏不倚的；本书的字里行间从不曾对于列名于制宪斗争中的两方的人士加以谴责。那些希望经由一个较强的政府而收取本利的证券持有人曾在本书里面受到贬斥或颂扬么？这不是本书研究所及的问题。关于这个问题的答复，属于论理学家或哲学家，而不属于历史的学徒。依照一般公认的说法，党派性意为“倾向一党或他党”。无党派性则与此相反。因而，严格地说来，本书是无党派的。它只是支持了这样的结论：大体上拥护宪法的人士跟某些类型的财产与经济利益集团保有关联，而反对宪法的人士则跟另外的某些类型保有关联。它并不说前一派人士是“慎思的”而后一派人士是“褊狭的”。它对于双方都不加以道德的评语。

在另一方面，史密斯教授对于宪法的争执的叙述也就是他对于事物本质的解释；在他的解释中，他把宪法的争执作为纯粹心理的现象，除非在“派别”一词上加以若干经济的内容。总之，他认为“慎思”与“民族思想”是独立的实体、特性或力量，不受世俗的“经济”的利害观念左右。他并没有说出这些独立的实体、特性或力量如何钻进美国人民的头脑。他也不曾指出这些东西究竟是从欧洲输入的，还是在殖民地时代结束之后突然出现的。他武断地排斥如下的可能性，即：这些存在如果不是受了经济利益和活动的决定，也可能受了经济利益和活动的影响。他一味抹煞其他的解释与观点。谁要不信关于宪法的斗争只是慎思的人们与褊狭的人们两派之间的争执，谁就被掷到荒远的黑暗世界里去，被认为是“马克思学派”或缺乏“无党派性”。这岂不是一种教条主义的立场么？

史密斯教授的立场不仅是排他的，而且具有高度的党派性，拥护宪法的人士就是“慎思的”人士，而反对宪法的人士却是“褊狭的”人士。这些字眼显然表示拥护宪法的人士要比反对宪法的“褊狭的”人士较为聪慧，具有较高的思想。严格说来，慎思可以解释为逻辑的思考。在这种场合无须含有颂扬或偏袒的意思。一个老练的窃贼运用科学的知识以获致安全，可以比一个冲动的牺牲生命以执行职务的更夫较为合乎逻辑。但是在一般学院式的认识上，一个逻辑的人物总是被认为优越于一个直觉的感情的人物。

把“慎思”和褊狭视为一种对立，也是不确切的，褊狭并不一定意味着缺乏慎思,也可以应用在褊狭的场合,一如应用在宽大的领域。不过,民族思想与地方思想的确是一种对立,经济史的学徒只需检讨这种对立是否在大体上符合经济的矛盾。他可以接受史密斯教授的心理的对立理论,但是他要进一步探究它的根源。在从事这种的探究上,他无须以优越的智能归诸一派。把心理的素质——优越或低劣——归诸任何一派,都是党派性,是教条主义的党派性。他武断地把智能的优势应用在事实的考察上面。

在某些人士的心目中,史密斯在论争中引用的"马克思学派"一词表示一种色彩;在另一些人士的心目中,却意味着颂扬。对于这两方面的说法,我都不甚在意。就我自己来说,我可以说我从未相信"所有的历史"可以而且应该以经济关系或任何其他关系加以"说明"。真正"说明"历史的一个人,应该具有被神学家诿诸上帝的种种德性。无疑,历史可以被"解释"得使某些时代的某些人物感到满意,但是这种解释并不能得到普遍的认识和证实。我承认在我年轻的时候,我曾希望弄清"事物的原因",然而我却从来没有认为我已经发现了这些原因。不过,我曾认为,而且还是认为,在社会的巨大转变中,例如在制成和通过宪法所引起的剧变中,经济的"力量"可说是原始的或基本的力量,而且比其他力量更足以"解释"事实。在各个经济利益集团的构成和压力与所考察的事件或一系列的事件直接发生关系之处,一种经济的解释是有用处的。可是,有如我在1913年在本书第一章结尾已经说过的,"可能还有某种更大的世界的力量正在运行于每一系列的历史事件上面;但是终极的原因却非我们所能看到的"。如果我曾在任何一地说过或写过"所有的历史"可以用经济关系加以"说明",那我当时一定

是精神错乱了。

我也不承认史密斯教授所说的历史的经济解释或我的关于宪法的著述是源于“马克思的学说”。有如我在《政治的经济基础》一书第 1 章里所指出的，关于历史上阶级和集团斗争的萌芽概念，远在纪元之前就已经出现在亚里士多德的著作里，并为中古和现代的伟大的政治学者所共晓。远在马克思尚未诞生之日，麦迪逊也已经在《联邦党人文集》第十篇里阐释过这种思想，借以保卫联邦的宪法。马克思抓住了这种思想，普遍地加以应用，并且予以肯定，但是他并没有首创这种思想。美国宪法的创造者都深知这种思想，认定它最少具有相当的作用而加以应付，并且在许多的著作中予以揭露。每一个我们同时代的人士，都可以根据自己的经验和知识，断定在最近关于保护关税、海外贸易、运输、工业、商业、劳工、农业以及关于宪法的本质等等问题的辩论上，那些对立的经济利益集团是否更加壮大了。

在写作本书时，我同所有初攻现代史的学生一样，早已熟习了马克思的学说和著作。在博览过美国宪法创造者的著作而且研究过亚里士多德、马基雅弗利[①]、洛克以及其他政治哲学家的著作之后，我在马克思的著作中发现了许多从前的卓越的思想家和政治家早已发表过的思想，从而我对于马克思也益感兴趣，到我研究过马克思的学生生活，并且知道马克思在建立自己的历史学说之前也曾熟悉亚里士多德、孟德斯鸠和其他进步作者的著作之后，我对于马克思的兴趣更加浓厚了。关心这些学说的根源的历史学徒，

① 马基雅弗利(1495—1527)，意大利佛罗伦萨政治家和政治学家。——译者

对于那些利用马克思的名字嘲笑政党或者吓吓美国革命的少女的人们，是无须感到困难的。

因为本书并非为了特殊的政治事件而写的，其目的在于剖析宪法斗争之时的整个情势，所以我打算照其原来的样子加以再版。它并不“说明”宪法，也不排斥其他说明者认为比较满意的别种说明。不论本书的缺点如何，它总算提供了有关重大文献的若干确切的事实，对于研究宪法和解释宪法的人士将会有用的。宪法原是人类的创造，最少在晚近如此；而今它还给自觉担负着某种使命、地位、职业和利益的人类加以检讨和引用。

本书的内容并无变动，虽然我如果加以重写，将不免要稍加若干细节的修正。不过我在 1913 年不曾知道的两种事实，现在必须追补进去。使我注意到这两种事实的为詹姆斯·韦特罗教授，他对于当代的历史曾有重大的贡献。在原书第 93 页上，我说本杰明·富兰克林“不像拥有任何国家的债券”。现在已经发现了相反的事实。1788 年 2 月，富兰克林关于国债曾经写道：“这些证券现在跌值了，但是我希望而且相信，一旦我们的新宪法成立之时，它们将会得到补偿的。我贷予旧国会以价值三千镑的硬币，并且取得一些证券，规定利息为六厘，但是我已多年没有取得利息了。现在我如果将本金出卖，每镑却不能卖到三先令四便士，仅值原价的六分之一。”这样，我应该把富兰克林补到原书第 150 页的名单上去。

第二个事实是关于汉密尔顿的公债准备金制度的建立经过。很久以来，大家都相信这种制度如果不算汉密尔顿一手建立的，大体上也总算汉密尔顿的头脑的产物。但是韦特罗教授在康涅狄格州历史学会的奥利维尔·伍尔科特的著作中所发现的两封信件，却指出了相反的事实。汉密尔顿第一次关于公债的报告，系于1790年1月9日向众议院提出的。前一年11月，“费城的商人、资本家兼银行家”威廉·宾汉曾致汉密尔顿一封长信，在该信中，他颂扬“财政部长最后提出的全部主要办法”。1789年同月，波士顿的“航业家、商人兼经纪人”斯蒂芬·希金森也写了一封书信给汉密尔顿，提出了类似财政部长提交国会的那些办法，并且警告他提防必然引起的反对的危险。宾汉积极参加公债的投机事业，曾经函请汉密尔顿告诉他“我的‘意见’同你的意见有多少相符”。汉密尔顿曾否给过答复，现在还无从知道，但是宾汉的岳父威林格表示曾经看到汉密尔顿准备提出的“全价”的字眼。韦特罗教授的这些新的历史的发现，在汉密尔顿的金融制度及其与商业和银行利益集团的关系上，投下了光明。

此外，我还得加上一项修正。第二十九页可以认为暗示了纽约的“土地贵族”毫无例外的都是坚决反对宪法的。在历史的斗争中，整个阶级的一致行动纵非绝无，却也是不易多见的。托马斯·克伦科博士反对我的一概而论，那是完全正确的。他特别唤起大家注意如下事实，即：“地主一面害怕土地税，同时却也拥有相当巨额的公债，从而他们中间的许多分子倒也赞成举办稳定的（联邦的）赋税。所以反对联邦主义者把力量寄托于地主阶级，而最有力的地主却往往厕身于反对派的阵线里面。”他的解释虽然也是经济的，却纠正了过分概括的弊病，所以应该加以特别的征引。

此外，我还得提出两项声明。有些轻率的批评家曾认为：我“谴责制宪会议的代表们仅仅为了他们自己的荷包而努力”。这种责难的虚妄是显而易见的，大家可以参阅第七十三页上面的毫未更动的原文。我分明地说："这里要考察的唯一一点，就是：他们（代表们）究竟是否代表个别的集团——对于这些集团的经济利益，他们凭其自身对于同样的财产权利的经验，具有具体的确实的理解，或者是否仅仅在政治科学的抽象原则的指导下而工作？"

还有若干人士轻率地认为，本书意在指出当时建立的政府形式及其被赋予的权力，处处受了经济利益集团斗争的"决定"。在我的头脑里，从来没有这样的意向。我也不觉得我曾或明或暗地在本书里表示过这种意向。我还未能发现历史上的普遍的决定因素。在研究这个问题时，我发现马基雅弗利发现过的 virtu、fortuna 和 necessitá，[①]虽然它们之间的界线是不能加以严格的划定的。在政治的领域里存在着决定的因素——必然性；它与经济利益保有了一种关系；否则，国会尽可通过每年给美国的每个家庭支付二千五百美元，同时苏维埃也可以使每一个俄国人都成了富翁；但是，这并不是说，每一个事件、每一种制度、每一项个人的抉择都受了可以发现的"原因"的"决定"。

但是，谁要在历史上或者公共问题的讨论中，撇开经济的压力，谁就陷于致命的危险，那就是以神秘的理论代替真实，搅乱问题而不是清理问题。美国宪法的创造者所以能够跻身于历代伟大的实际政治家之林，并且在政治的艺术上给予后人以教导，大部分就由于他们承认经济利益在政治上的力量，并且加以巧妙的运用。深研他们的创作，发扬他们的勇气及其对于经济利益的灼见，我们

① 意为"德情"，"机会"与"必然"。——译者

这一代的男男女女才可以保证我们的法治政府而非强力的政府延续不堕。在国家权力或各州权利的理论被提出之时，我们——他们的遗产的继承人——应该坚执不断地究诘：“他们背后代表了哪一种利益集团？改革或维持原来的形态将会增长哪一个集团的利益？”如果我们拒绝这种努力，我们就会成了历史的牺牲——历史创作者的手上的泥团。

查尔斯·A. 比尔德

1935 年 8 月于纽米尔福特

序　言

下面各篇的文字仅是一些残缺不全的东西。它的目的在于提出若干研究历史的新方法,而不在于穷究本书所要讨论的课题。这种声明并非作为搪塞人家批判的借口,而是一种事实的供认。我比任何人都要明了这里草创的工作还有多大的部分尚待完成。首先在这里用来研究宪法制定经过的华盛顿财政部的记录,就得花费几年的研究工夫,更不必提到那些已印的和未印的足以认识1783至1787年间美国经济状况的其他文献了。

如果有人问到:为什么这些不完全的研究现在竟然出版,而不留待最后的修正,那么我的答复是简单的。我不能提供更长的一段时间从事专心致志的研究工作,因而我不能希望在一个相当的时间里完成我在这里业已做下的工作。我印行本书的目的,只是希望可以鼓励少数当代的历史学者抛弃枉然的"政治的"历史,转而致力于规定政治的重大动向的实际经济势力的研究。

业已熟悉本书考察范围的研究者,将会发现我已经充分利用了特纳教授、利比、安布勒和沙伯等各位博士的可资参考的著作。

我感荷财政部穆文先生惠允参考他所管理的文献,国会图书馆比查普先生便利考查数千种小册子并予以种种赞助,抄本部的杜立克先生不惜烦劳提供数百种的抄本。

我感谢我的两位友人，这里不提到他们的姓名，没有他们的高厚的同情与鼓舞，我将不能写成本书。

查尔斯·A. 比尔德

1913 年 2 月，于华盛顿哥伦比亚特区

第一章　解释美国历史的派别

概括说来，支配美国历史研究的共有三派对历史的解释。第一派可说是班克罗夫特[①]派。他们解释我们国家的较大功业，以为是由于一个在上帝领导下的民族所具有的特殊的精神禀赋。或者更正确地说，他们在我们的发展的过程中看出了超越人类的一种意志的活动。用班克罗夫特的话说，在宪法的斗争史上，可以看出"神力的活动，这种力量使宇宙获得统一，使种种事件获得秩序与关联"。

尽管这种议论散见于班克罗夫特的作品中，我们却不能以一个简单的字眼说明支配他的历史结构原理的理念，因为他往往受到自己出身的社会阶级的感染性的驱策，同时受到自己积极参加的公共生活的迫切需要的推动，而显得摇摆不定。甚至说到确切不移的事实，我们也不能相信他会说得正确，例如说到在美国的流放罪犯和契约奴隶的后嗣的人数问题时，他说是"他握有一手，却只伸开了一只小指"。

班克罗夫特经常在他的作品中提到左右人事的"超越的力量"，虽然他避免举出可以诿诸这种力量的确切的事件。他似乎以

---

① 班克罗夫特(1800—1891)，美国历史家。——译者

为可以证实他的理论的，不是任何个别的事件或一列事件，而是历史的整个过程。他说："不管有多少人士力主在人类里面没有超越人类的力量，然而历史却证明了暴政与不义必归于灭亡，而自由与正义纵受猛烈的摧残，终是不可抗衡的。由于这种保证，古老的国家知道恢复它们的童年；年青的一代激动地参加时代的伟剧，而古老的时代与同它的伴侣和憧憬者则停留在甜蜜的希望上面，不失勇气，也不反对超越力量的意志，深信人类的道路在晨雾润泽之下依然是清净的，万国的救主是活着的。"

继班克罗夫特之后的第二派对历史的解释.可以称之为条顿派，因为它把各英语民族的伟业诿诸日耳曼种族的特殊的政治天才。同历史中具有"超越力量"的主张并无显著的差别，他们在天赋的种族气质上发现了盎格鲁—撒克逊世界的"自由"宪法发展的秘密。

这一派的理论梗概如下：条顿民族从来秉有独特政治才能；条顿部落侵入英格兰并且摧毁了古旧罗马和不列颠文化的最后残余；之后，他们便在"自由"政治的发展上，给世界树立了一个楷模。这个得天独厚的种族的后嗣移居美洲，并且步武英国的前型制成他们的宪法。他们的政治天才的最高成就表现在建立联邦的宪法上面。

条顿派关于我国宪法的理论深刻地影响了美国的历史研究达三十年以上；但是在地方政治的研究上，它却无能为力了；在渊博上面，它不足比拟斯塔伯的《英国宪法史》。这一派自有其历史的说明与辩解，然而唯一可说的就是它完成了一个非常有用的任务；它小心翼翼地证明预定的观念，因而培养了一种批判的态度，有过于前辈的历史学家。

第三派对历史的研究是无从加以称谓的。它的特色可说是没有假说。它的代表人物鉴于以往作者所遭遇的许多困难，终于抛弃了广义的"解释"工作，而致力于文献的考证与有关事实的"公正的"列举。这一种学术倾向收效甚大，它养成了小心采用历史资料的态度，并且提供了许多优美而且精确的关于表面事实的考证，对于准备深究内在原因的学者，这些工作是不可或缺的。

这一类的历史著作与科学史的关系，多少有类于植物学与生态学的关系；换言之，它区分并且整理各种现象，却不说明这些现象的前因后果以及彼此之间的关系。在美国和其他各国出现了这一类历史思想的倾向，那并不是完全无法说明的；因为历史的解释学派似乎往往导源于社会的矛盾。君主政治在其发生和发展时，从未得到正确的理解，因为大家始终认为它是一种不容究诘的神秘，有如詹姆斯一世所说的那样。没有旧的制度，将不会有杜儿哥和伏尔泰、梅特涅和梅斯特出现在革命之后。

但是不同的历史解释学派的根源与许多仅仅主张提供知识的风气，决不应使我一味拒绝一切新的学说，例如经济决定论的学说，有如帕斯卡尔[①]那样。帕斯卡尔认为，"意义、想象、身体的失常与同无数智力上的隐疾，使我们对真理和正义的发现成为一种偶然的收获，在这方面，我往往失错多于中肯。"这种悲观主义的论调可以使一个希望了解一个大问题——例如国家的起源——的学生，把下列两书一视同仁了：一是爱德华·詹克的严格科学的《政

① 帕斯卡尔(1623—1662)，法国哲学家。——译者

治史》;一是纳塔内尔·约翰斯顿博士的《君主政治,尤其英国君主政治的优点,并详论王政的利益与共和的不便以及臣民的义务与党派、暴动和叛乱的祸害》(1686 年出版)。

美国仅有的经济解释的研究工作,似乎就是特纳教授以前在威斯康星大学,现在哈佛大学开过端绪。在这位卓识的学者和思想家指导之下,我们第一次看出了国内的物质环境对于美国政治的影响。在他的领导下,我们才得到了一本极端重要的解释联邦宪法运动的著作:利比的《十三州联邦宪法投票的地理分布》。

特纳教授在该书的序言里,指出这种研究希望有助于"了解美国政治史与其所基的地文、社会和经济等条件之间的关系……大家一向仅仅注意于州界与南北美的界线,曾使我们政治史上的许多问题弄得隐晦了。同时,历史的经济解释也始终受到漠视。在研究美国宪法史上的各州独立主义的斗争时,作者当然应该把州别作为一个政治因素。但是从地方主义与民族主义的兴起与发展上看,我们更须指出巨大的社会经济的分野的存在。这种分野不受州界的限制,在政治史上自成了各个单位,每当他们的经济组织发生了变动,他们也就跟着改变了政治态度,乃至于分裂成为新的派别"。

虽然这种假说,即经济因素在政治制度的发展上是一个主要因素,曾被应用在一两种谨严的著作上面,并且被为一种哲学的学说加以研讨,但却不曾被应用在美国历史的研究上——当然更不曾获得过必要的详尽的分析。它也没有受到过历史专家的应有的注意。相反,大家却常有加以漠视乃至于近于轻蔑的倾向。这种对待的态度当然是不当的而且是轻蔑的;有如柯宁汉所指出的,没有假说的效用只有到它发挥至最大极限时，才能够予以决定。根据法令、国会的辩论、记录和外交文件写出巨著，比确定经济因素的任何主要集团的地理分布与政治作用远为容易。经济决定论的学说现在尚未建立起来，不到那时，它是不曾受到欢迎的。

经济因素在历史上受到了忽视，而在私法和公法的研究上尤其受到漠视。此中的理由是明显的。这些科目的教学目的注重在实用方面；在这方面的研究学者并不多见；同时"例案"的教学法也不能鼓舞从事综合的研究。甚至初步的工作也付之缺如。没有人致力说明美国私法发展的表面情形。没有人试图把这一方面的历史材料汇集起来，提供给一般学生。一般对于美国法律史的知识大都获自法官们偶尔发表的论文，这些文章多数是简短的而且不乏事实上和观念上的荒谬的错误。

这一方面，即对法律进化的批判的解释——以变动不居的和法律息息相关的经济过程解释法律，英国也不比我们高明多少。英国学者的确创作了许多可观的关于法律的历史著作，例如波洛克和梅特兰的伟著；他们曾经汇集了巨量的资料，例如塞尔登学会的出版物。但是除了梅特兰偶尔提出一些断片的启示之外，谁也不曾尝试过解释的工作，谁也不曾致力于把法律现象与经济变革联系起来。

由于对法律进化缺少一种批判的分析，于是形形色色的暧昧的抽象观念支配了法学界的大部分的思考。美国的法律诠释者和法学界人士的一般观点，也许有如卡特所主张的那样。他说："在自由民主的国家里，法律源于人民而且创自人民；因为创立法律的过程包括了把人民的理想或正义的标准不断地应用在人类的行为方面，所以正义是法律唯一关心的目的……英美的法律纯粹是把一切进步的正义标准应用于公民行为上面的一种不懈努力所造成的结果。”换句话说，法律是由某种抽象的东西，即所谓“正义”构成的。但是这个标准凭什么奠立下来而且何以又会进步呢？

从特殊的例案所提示的“原则”进行演绎，这是美国法学界思想的特征；这种态度对于正确分析的作用，正有似拘泥抽象语词对于学问进步的作用，一如培根所指出过的。比起欧洲学者，如耶林、门杰和斯塔姆勒等人所表现的透辟，法学思想家对于社会经济因素的漠视尤为显然。在美国当代的法学界中，唯一可以找到的经济解释就是少数学者，如庞德教授和古德诺教授的著作，以及美国最高法院霍尔姆斯法官偶尔抒露的言论上面所提供的一些暗示。

前面所说的关于美国私法的情形，在美国的宪法史和宪法上表现得尤为显著。这个科目虽然在美国的课程表上久已占了重要地位，可是始终未曾得到分析研究。在往时，这个科目往往在法律学校里讲授，由退休的法官或实践的法律家担任，前者总是把这个科目作为自然或道德哲学的一门，而后者则注重于目前的需要。我们的伟大学者肯特、斯托里和米勒①，从不从事深入的研究，而仅仅从事事实的叙述；仅仅注意于培养翻书的精神，而不培养理解的精神。严格说来，关于宪法的历史，除了柯蒂斯和班克洛夫特的泛论之外，我们就一无所有。

实际上，法学方面关于宪法的起源与本质的学说同样缺乏对

① 三人均为美国著名法学家。——译者

于决定性力量的分析——这可说是旧派历史著述的一般特征。它们的说法不外这样：宪法源自全民，人民是在宪法之下行使的一切政治权力的根源；宪法是建立在全民同意的广泛的自由与统治的原则上面，超越了任何特殊集团或阶级的利害。班克罗夫特说："由于冷静的思考与友好的协商，他们（人民）奠立了一部宪法，把自由与权力和秩序糅成一片，超越了每一个人的原来的意见。……自从他们立足在世界上而成为世界的一种势力之日起，他们就已经选定正义作为他们的向导；当他们怀着信心与欢悦迈进之时，所有人类的友人莫不祝愿他们的努力获致成功，借以达到改进文明世界生活的希望。"

大法官马歇尔在他对于马里兰案所发表的意见里，发挥了同样的学说："政府直接起自人民；是以人民的名义'奠立'起来的；而且业经宣示奠立的目的'在于造成一种更加完满的团结，树立正义，确保国内的和平，获致自由的福泽'。各州同意即召集会议并且服从人民的决定。但是人民却有加以可否的绝对自由，而且他们的表示才是最后的抉择。……所以（不论这个事实对于本案会有何等影响）联邦政府的确是一个人民的政府。在形式上和实质上，它都是来自人民的。它的权力授自人民，直接行使于人民的利益。……它是全民的政府；它的权力是受自全民的委托；它代表全民，并且为全民工作。"

根据这样的法学观点，宪法不但是全民的创制，而且也不曾沾带一点派别斗争的痕迹。任举一个传统的宪法定义为例，例如米勒的定义就是：依照美国的字义，宪法可说是一种工具，用以树立、限制而且规定政府的基本权力，为了这些权力更安全和行使更有效，为了机构政治的利益并且把这些权力分由十二个部门执掌。……然而，它却不是私法的根源，也不是各种法律的基础。它并不是个人自由和政治自由的原因，而是它们的结果。它宣告个人的这种自然的和基本的权力，以求安全和公共的幸福，国家乃基以建立。

在这些解释里面从来不举如下的事实，即我们宪法的条文旨在保护某一阶级的权利，或是保障某一集团的财产以防另一集团的侵犯。班克罗夫特说："宪法没有定下干涉平等和个人的条文。它不管身世或意见的不同，不管特权阶级或合法的宗教或财产的政治权力。它让个人与个人并驾齐驱……有如大海是成于涓滴，而美国社会则是成于独立的、自由的经常运动的原子……所以美国的制度和法律是来自各种流派的个人思想，它们有如大洋的水流一样，总是奔流不息的。"

从班克罗夫特的暧昧的说法转到宪法史的经济解释，我们首先必须认识法律并不是一种抽象的东西、一纸印件、一卷法令、一篇法官的文告。它要成为观察者的观察对象，它必须具有真实的形态；它必须管制行为；它必须决定人与人间的积极的关系；它必须规定程序和先后。一条法令可以在书本上留传百年，然而，除非人类关系的一种安排可以在该项法令的条款下面获得现实或保持，这种法令就只能存在于幻想上面。离开部分受其制约的社会和经济结构，转而又帮助制约，法律就失掉实在性质。

现在，大部分的法律（除了基本的社会防御法）都是涉及人与人间的财产关系的，简言之，这种关系就是决定财产所有权的具体形态或其转移的程序。在社会日趋安定，日趋工业化之时，单纯对于暴力的防御(大部分是基于以武力图谋改变财产的所有权)已经变成比较次要了;财产关系已经益臻复杂而且微妙了。

但是,大家可以说宪法是法律的一个特殊部门,它并不涉及财产或财产关系,只是涉及政府的机关、选举和行政。然而一经细察,我们便可看出上面说法的肤浅。既然政府的基本目的除了单纯的压制强暴之外,就是制定律例确定社会成员之间的财产关系,那么有力的阶级必然要从政府争取一种法律,足使较大的利益集团可以赓续他们的经济活动,否则,他们将必然亲自掌握政府的机关。在稳定的专制政治之下,出现了前一种现象;在其他的政治制度之下,在各级人民可以参与政权的国家,掌握政权的方法和性质便成为首要的问题——事实上也就是宪法的基本问题。保卫某种立法而防止另一种立法的社会结构——也就是宪法——只是一种派生的现象,它是基于追寻积极行动与消极压制的各个经济集团的本质的。

上面所说的一切,在曾经注意过欧洲的法学著作的学者看来,是毫不新奇的。这是根据耶林发挥的理论,即:法律不是“生长”的而其实是“制造”的——以适应一定的利益集团的需要。这还不是耶林的创见。远在耶林在其划时代的著作《法律的目的》一书中建立了这种观念之前,拉萨尔早已在其伟著《被制定的法律体系》里提出过这种观念。而且远在拉萨尔想通了这个观念之前,而我们的麦迪逊于博研历史和政治之后就已经定立了这个观念。

事实上,本书的探究就是根据宪法的创立者前联邦总统麦迪逊的政治科学。这种科学的思想贯穿于麦迪逊的全部的严整的著作,其最恰当的表现则见于《联邦党人文集》第十篇。他说:“人类的财产能力为财产权利的源泉;这种能力的悬殊实是人类趋向利益一致的一种不可超越的阻碍。保护这些能力是政府的首要目的。由于保护各种不平等的获得财产的能力,马上产生了程度不同和种类个别的财产所有;由于这些事情对于个别财产所有者的情感和认识的影响,社会遂分裂为不同的利益集团和党派……造成派别的最一般的经久的原因就是财产分配的差异与不均。拥有财产的人们与没有财产的人们总是形成了社会上的对立的利益集团。债权者和债务人各以类聚。在文明的民族里面必然产生一个土地利益集团、一个制造者利益集团、一个商业利益集团、一个货币利益集团以及许多较小的利益集团,他们分成不同的阶级,各有不同的情感和认识。调和这些不同的错综的利益成为现代立法的主要任务,并且渗润了参加必要的和寻常的政治活动的党派的精神。"

这里,我们得到了一项关于政治的经济决定论的权威说明。在现代社会里,不免有程度不同与种类个别的财产;政党的"主义"源于不同的财产所有在财产所有者的心理上所形成的情感和认识;基于财产的阶级和集团的分立,就是现在政治的基础;政治和宪法必然是这些互相倾轧的利益集团的一种反映。有些人士排斥经济决定论,认为这是欧洲的舶来品;如果他们知道了关于这种学说的最早的一种说明,当然也是最清晰的一种说明,乃是出自一位躬预制宪会议的卓越政治学家的手笔,那么他们就得修正他们的观点。

关于宪法的一种经济解释可以作成一种假设的说明。这种假说虽然不能完全根据可靠的资料,却会立即说明这个问题并且提供一条研究的途径。

毋庸置辩，宪法是若干人们的创制，同时也曾受过若干人们的反对。如果我们能有一部所有有关制宪的人物的经济行传——共计当有十六万人——，我们就可以得到充分的资料，以供科学的分析和分类。这个经济行传应该包括一张详表，列举这些人物及其家庭所有的不动产和动产：土地和房屋及其负累、生利的货币、奴隶、投置在航业和制造业上的资本以及拥有各州的和大陆的证券。

如果把拥护和反对宪法的人们加以分类，我们不能发现里面存有财产的界线，换言之，拥有同量同类的财产的人们，也一样地分成了拥护和反对的两派，那么显而易见的，宪法与经济集团或阶级之间就没有确切的关系，宪法就是若干抽象原因的产物，与生活上的主要活动——谋生——无关。

如果实际上所有的商人、贷款者、证券持有人、制造家、航业家、资本家、金融家及其职业上的关系者通通站在拥护宪法的一面，而全体或大部分没有奴隶的农民和债务人则站在反对的一面——那么它就不是所谓“全民”的产物，而不过是希望从中获利的一个经济利益集团的产物。我们现在还不能发现全部需要的事迹，但是见于下列各章的资料可以证明后举的假说，从而使有利于这个学说的一个合理的推断得以成立。

当然，这是可以证明的（也许就能够证明），由于宪法实行后所造成的一般的改善，农民和债务人事实上也得到了利益。例如英吉利民族曾从诺曼底侵入与实行系统的行政方法上获得了巨大的利益。然而这并不是说，所谓“一般福利的增进”或“正义”之类的暧昧的抽象观念，就算是这两次伟大的历史变革的领袖们所向往的目标。这两次变革的直接动力都是经济利益，利益关系者希望他们的行动可以增进他的利益。经济的解释只能说明到这里为止。可能还有某种更大的世界力量正在运行于每一系列的历史事件上面；但是终极的原因却不是我们所能看到的。

第二章　1787年经济利益集团概观

历史的经济解释的整个学说是建立在这样一种观念上的，那就是：一般说来，社会的进化是社会内部互相竞争的利益集团——一方面拥护变革，另一方面则反对变革——的结果。根据这个假说，我们在开始本书的研究时，首先必须探讨在宪法实施以前美国究竟存在哪些阶级和社会集团；哪些阶级基于它们的财产的性质，希望推翻旧的制度，从而可以获致直接的利益，哪些阶级希望维持既存法律秩序，从而可以获致更大的利益。

关于1787年财产分配的研究，对于经济史和政治史都是十分必要的。然而迄今却未见有人从事过广博的研讨，甚至开启过一个端绪。因而我们目前不得不依赖多少叙述过当时事迹的历史家的一般著述，同时也不妨简略提及这种研究的梗概以及若干主要的资料来源。

一、1787年曾经存在过一个庞大的不动产利益集团，当时它在全部财富中所占的比重远较今日为大。我们必须确定它们的数量、价值、所有权及其地理的分布。由于缺乏调查的缘故，从事这种的研究费力既多，而又不易臻于完备。1790年的调查与依照1790年法律开征的直接税税额都不足以反映当时的情形。若干州的赋税档案最少可以提供一部分我们需要的材料，但是查阅大量的地方文献却得花费极大的精力。

二、为要确定动产对制宪的作用，我们不但要揭示货币和公债的数量与地理分布，而且还得究明动产可以从中获得眼前的和将来的利益的活动场合。彻底分析在制宪过程中的经济力量，需要下列的资料：

1. 现存与贷出的货币的地理分布及其持有者的姓名。显然，许多关于这一类的材料已经消灭；但是详细研究各州的税收统计、地方课税评价人的纪录、缴验的遗嘱、抵押的登录以及法院里面关于贷款和抵押的案卷，无疑地可以得到丰富的资料。

2. 公债所有权的地理分布。关于这一个基本问题，华盛顿财政部保存下来的未曾公布并且未曾整理的纪录可资参考。联邦政府成立后，旧的公债马上转变为新的有准备的公债；公债（州的和大陆会议的）的持有人将债券携至地方公债办事处（每州各设一所）或国库，申请登记，换取新政府的债券。

这种巨额兑换（这是美国新生的资本主义的第一次伟大的业绩）的记录，如果全部保存了下来，可以成为世界上第一份奇妙的经济史料；可以成为新政府初年政治的“末日裁判书”。不幸这些记录并不完全。汉密尔顿财长任内的纪录似乎大半散失了，若干州的公债办事处的记录也大部残缺不全，虽然间有一二，的确是卷帙浩繁。

整套的关于这一项的金融文献可以指出：（一）旧政府在革命期间及其以后发行的证券的原始持有人；（二）证券从原始持有人转移到其他所有者；（三）1787 年召开制宪会议时，持有证券的人士的姓名;(四)在宣告召开会议至采纳汉密尔顿的准备金制度之间,债券的兑换记录;(五)收购证券以备换取新债的人士的姓名;(六)在公债办事处的簿籍上留有姓名的经纪人代其经管的人物的姓名。

财政部保存下来的记录,没有一种提供了全套的资料可以用以对于个别的州进行科学的研究。约有三分之一的手续都是在财政部办理的,其中仅有残缺的部分似乎没有遭受时间的损坏。然而,在若干文献上面,依然可以确定几百位爱国者的姓名,他们牺牲金钱换取最初的证券,或者贡献劳务收受证券。在几所公债办事处的簿籍上面也可以一眼看出,哪些人物套购了证券以备换取新债,而哪些人们算是证券的最初持有人。

在若干州里面,总账保存得十分谨慎,可以查出在地方办事处登记兑换的证券持有人的姓名住址以及各人持有的金额。例如康涅狄格州的总账就提供了丰富的资料,以供研究公债持有人的姓名与地理的分布;从千千万万的地方的流派追溯这些利益集团,将是一件有趣的工作。但是,许多最重要的资料不幸永远消失了;尤其可惜的是,当时的"委任状"迄今尚未发现。除非华盛顿政府仿效欧洲开明的管理办法,并且建立一所文献馆,那些留传至今的珍宝的卷帙,如果不至于损失无踪,也只有煞费精力才能够加以利用。

3. 小块的抵押农场的地理分布及其相关的种种贬抑币值和破坏条约义务的阴谋。研究地方的文献,无疑可以在这一方面获得可贵的收获。

4. 西部土地的所有者和经营者,在西部土地上投机,算是当时资本家的一种主要活动。我们知道当时士兵的一部分报酬是以土地契券支付的，这种契券总是给商人——往往是有政治关系的——用廉价收购下来。再者，大块的土地往往每亩以数分的代价收购下来，留待涨价。这些土地不能马上利用的主要原因，在于中央政府的无力，不能彻底征服印第安人，扫荡印第安人的地权，使移民在边疆安居乐业。当时每一个大资本家都深切了然新的宪法与阿利根利山以外的土地的涨价两者之间的关系。例如一位北卡罗来纳州出席会议的代表，土地投机家威廉森在致麦迪逊的一封信里，就表示过这样的思想。在华盛顿方面，关于研究土地经营的材料汗牛充栋，大半都是抄本；细检里面的千千万万的人物的姓名及其政治关系，可以获致无价的收获。这又是一桩毕生的工作。

5. 制造业的地理分布及其所有者和投资者的姓名。关于这一个重要项目已经有了大批印刷的和手抄的材料，但是至今还未见有人把这数以千计的人物的姓名汇总分类，从而发现他们的政治关系。要发现这一类材料，必须研究从新罕布什尔州直至佐治亚州的地方文献。缴验的遗嘱、财产的转移、法律事件、私人信札、报纸上的广告、航海记录、国会图书馆抄本部保存的汉密尔顿的书信，未分类的财政部的记录和公文以及其他无数的资料，都必须加以研究，并且作成人名和活动表。

在未曾从事上述的广泛研究之前，下列各章不过是提供一条研究这一部门的表面现象的方法而已。事实上，本书各章只是划出了一个研究的提纲，必须依赖详细的研讨加以补充和修正。

被剥夺了公民权的人们

在研讨 1787 年的美国社会结构时,我们首先发现了四个集团,它们的经济状况明确地表现在它们的法律地位上面:(一)奴隶;(二)契约仆役;(三)根据州宪和法律规定的财产标准而无投票资格的多数男子;(四)被剥夺公民权而遭受法律歧视的妇女。这几个集团在起草宪法的会议上,当然没有他们的代表,除非根据一种学说,以为代表与投票并无关系。

被剥夺公民权的人数究竟多到何等程度,现在还不能断定。在若干州里,例如宾夕法尼亚州和佐治亚州,市内的没有财产的职工可以投票;但是在其他各州,不动产的限度当然使多数成年男子不能享受投票权。

显然,当时各州的工人阶级都还没有一种独立的利益集团的自觉性,也没有形成一种组织,从而唤起当时政治家的注意。翻检十八世纪作家的著作,谁都不免产生如下的印象,即:当时工人阶级的存在及其引起的特殊问题,业已在社会里占了相当的比重,但却留置在政治领域以外,大家仅仅预见而且恐惧将来无产阶级的势力。

当投票问题提到会议之时,麦迪逊就曾警告他的同事们注意将来的劳苦大众:"单就利害上着眼,美国的不动产管业人可说是共和国自由的第一安全的受托者。将来,大多数人民将不但没有土地的财产,而且也没有任何形式的财产。他们将在共同情况的影响下,团结起来;在这样的场合下,财产权利与国民自由将不能在他们的手上保持无恙。或则他们将成为富人或野心家的工具,这是较有可能的;在这样场合下,其危险正复相同。"

从社会政策来看，工人问题在当时政治家的心目中毫无印象。汉密尔顿在其关于制造业的报告里，毫不在意地抹煞了这个问题。他认为大量应用机器的好处之一在于“雇用许多人手，否则这些人手将无所事事，以种种方式成为社会的累赘，由于怪癖、恶习、身体上的缺陷或其他原因，不能为国家效劳。这是值得提到的，一般说来，妇女与儿童由于工厂的设立，将比在没有工厂时较有用处，而儿童更可以较早地有其用处。在英国纺织业雇用的人员中，妇女与儿童约占七分之四；其中儿童尤占多数，若干还是稚龄的儿童”。显然，在汉密尔顿看来，这种好处是属于父亲和家庭的，因为他说：“丈夫由于妻女受到附近工厂的雇佣和刺激而益增勤奋，可以享受一种新的利益和支持。”

这几个集团在政治上是不存在的，除非那些握有选票和经济势力的人们不得不保卫自己的权利以防这些集团的篡窃，离开这几个集团，我们遇到了在政治上享有特权的社会集团。在这里我们没有发现法律地位的不同。社会阶层的畛域的确是十分严明的，但在表面的法律上并没有特殊的阶级权利。

不动产持有者集团

财产所有者可以区分为几个相当分明的集团，虽然他们是彼此互相转变的。概括说来，他们可以区分为不动产和动产的利益集团。南部的大农业家和小农之间并没有一致的利益。所以不动产持有者又可以区分为三个集团：（一）小农，尤其是散布于从新罕布什尔州至佐治亚州的滨海一带；（二）地主，例如沿哈德逊河两岸的地主；（三）南方蓄奴的种植园主。

一、第一个集团，小农形成了一个单纯的阶级。内地区域全是由职工、较穷的白人和欧洲（尤其北爱尔兰）移民开发的。由于草创的环境，他们秉持一种特殊的社会和政治的观点，但是他们现实的政治主张则源于他们对沿海集团的敌视。冲突的一种原因在于土地的占有。大部分西部的土地都落在投机家的手里，移民必须向大地主借用或购买。弗吉尼亚的情形就是一个例子；在弗吉尼亚，有如安布勒所说，“大量的拨给未占领的土地并不是一个良好的政策。不错，大量的移民很快就被吸引到这个州里来，在这里定居下去，但是大部分的土地却落到投机家的手里。许多公司在欧洲和美洲成立起来，从事弗吉尼亚州的土地买卖，大块的土地以每亩二美分的贱价被购一空。这种大批的买卖马上把所有土地销售干净，乃使移民不得不向投机家购买土地或暂且沦为租户”。当移民企图逃避投机家的剥削而往西迁移时，投机的界线也跟着向前推移了。

小农除了往往因土地而陷于负债之外，还得依赖都市供给大部分的资本，借以开发他们的资源。换言之，他们是一个债务者阶级。这个阶级当然也包括了那些陷于同样惨况的都市居民。

在若干州里，这种债务者阶级曾发展了一种强烈的利害一致的意识；这可以在地方的政治和立法上获得明证。马萨诸塞州的谢司叛乱，新罕布什尔州、罗得岛以及北部各州的暴动，纸币拥护者在州议会上的活动，种种救济债务者的方案，诸如废止监禁、发行纸币、创制延缓交债的法律、要求债务者得以仲裁委员会评定的价格受领土地——诸如此类的方案都足以证明债务者意识到了自身的地位，力谋自己的利益获得法律的保障。他们的哲学反映在马里兰州出席会议的代表马丁·路德的著作里，他反对宪法，其一半理由就是他认为宪法会取消土地立法。

二、哈德逊河流域的地主形成了一个特殊的贵族集团；在从革命到立宪期间，他们在纽约州的政治上算是支配的阶级。他们不愿反对发行纸币，因为这种负担落在资本家的身上。他们在把赋税的负担从土地转移到进口方面也得到了好处。这就是他们反对宪法的原因，因为宪法会使各州的赋税负担移嫁到土地上面。

三、第三个集团是南方的奴隶主。南部各州出售原料，需要航业的竞争，而它们的代表却愿意参加联邦，使自己服从有利于北部的商业条例。骤视之下，这似乎是一件怪事。但是细研文献之后，我们却发现他们明知有这种不利，然而在一个强有力的联邦政府之下，他们可以获得更大的补偿。

货币贷放及公债收购并不限于北部，虽然有如后来卡尔霍恩[①]所指出的，南部缺乏新英格兰州所最擅长的那些商业手腕，企图以立法救济，债务者也不限于马萨诸塞和罗得岛两州。南部有许多人物富有动产。出席制宪会议的代表正是代表这一类型的利益集团，而不是蓄奴的农业家。1787 年群集费城的南部代表，多数都是来自都市的，或是兼营动产活动的农业家。因而，朴次茅斯的兰顿、波士顿的格里、纽约州的汉密尔顿、新泽西州的戴顿、费城的罗伯特·莫里斯、巴尔的摩尔的麦克亨利、波托马克的华盛顿、北卡罗来纳州的威廉森、查尔斯顿的平克尼和塞芬那的皮尔斯，他们彼此之间的利害比之他们与他们负债的乡里之间的利害较为一致。于是超越州界的经济利益的结合建立了民族主义。

① 卡尔霍恩(1782—1850)，美国政治家。——译者

有如马萨诸塞州的债权者关心于压服谢司的“绝望的债务者”，南部的农业家也关心于维持秩序，镇压奴隶的反抗。1889年奴隶主们都觉得更加安全了，因为他们知道本州州长如遇内乱而地方警察和民军不能加以镇压时，他可以请调联邦的大军。北部也许会提出歧视性的商业条例，然而这些条例却可以视为防患毁灭的保证。在不利的律例下输出生产品，那总比没有生产品输出略胜一筹的。

动产利益集团

第二个庞大的利益集团是动产利益集团。所谓动产包括贷放货币、各州和大陆公债、商品、工厂、士兵的票券和航业。1787年动产和不动产的比例现在还不能确定，关于这个问题的古老资料是否尚存，也是不得而知的。

货币形态的动产——1787年，生息的或准备作为资本的货币形态的动产，就其与不动产价值的比例而言，其数量远不及现在这样大，但也颇为可观。新罕布什尔州1793年的税收报告说：所有建筑物和不动产的价值为八十九万三千三百二十七镑十六便士十先令，而现存的或生息货币总额为三万五千九百八十五镑五先令六便士。马萨诸塞州1792年的税收报告：生息货币为十九万六千六百九十八镑四先令六便士，现在货币为九万五千四百七十四镑四先令五便士。康涅狄格州1795年报告：生息货币为六万三千三百四十八镑十先令一便士。

货币资本在《邦联条款》之下，遭遇了两种困难。第一，由于制造业的缺乏保护，在西部投资的不安全与外国对美国航业的歧视，货币资本很难找到有利可图的出路。其次，纸币的造制者、中止的法律以及货币贬值或债务延期的政策，也给货币资本以正面的打击。此外，由于货币本位的不一致和不稳定，币制和铸币弄得形形色色，纷乱不堪。

债权者当然要反对这些州议会的设施。他们在地方议会上失败之后，于是便转到成立一个中央政府的念头，俾能制止破坏契约义务、准许发行纸币以及其他有利债务者的立法。我们无需究诘造成这种深刻矛盾究竟是由于债权者的贪婪还是由于债务者的卑劣（这是当时争论甚烈的问题）。我们只要知道这种事实的存在及其在宪法上的反映。债权者的利益在于货币增值，便于执管抵押财产的手续以及对不忠于义务的债务者严绳以法。至于债权者是否由于债务者的侵害，还是由于自身的机智从而获得了阶级意识，那对于科学的研究可说是无关重要的。

证券形态的动产——对于建立一个稳定的中央政府尤表关怀的，是各州的证券和大陆证券的持有人。在《邦联条款》之下的政府并不支付公债的利息，公债价格不断跌落，直至仅值票面价值的六分之一至二十分之一。即在极力准备履行义务的那些州里，由于对各州议会行动的不信赖，各州债券始终是低价的。

显然，一个强有力的中央政府可以照票面价值清偿债款。当然大家也都十分了然这个情形。如果我们知道证券在当时的无形财富中占了极大的比例，我们就更易明白这一种动产势力在推翻《邦联条款》的革命上所起的重大作用。例如，在马萨诸塞州，1792年的证券总值超过了该州的生息货币与现在货币的总和。

在新政府成立时，财政部长汉密尔顿在第一次国债报告中，曾经估计了美国和若干州的公债总额，计：外债为一千零七万三百零七美元，外加截至1789年12月止，应付利息一百六十四万零七十一点六二美元，合计一千一百七十一万零三百七十八点六二美元。国内公债，包括记名公债、军队债券等等，达二千七百三十八万三千九百一十七点七四美元，外加利息一千三百零三万零一百六十八点二十美元，合计四千零四十一万四千零八十五点九四美元。1790年各州公债尚无统计，但汉密尔顿估计为二千五百万美元，似嫌略高。后来估计为二千一百五十万美元，实际支付的总额为一千八百二十七万一千七百八十六点四七美元。

据1795年1月16日汉密尔顿的报告说，公债准备金设立以后的国家及各州公债总额如下：

外债	一千三百七十四万五千三百七十九点三五美元
内债	六千零七十八万九千九百一十四点一八美元
未承认公债	一百五十六万一千一百七十五点一四美元
全部未偿还公债	七千六百零九万六千四百六十八点六七美元

此外，还欠了联邦银行一百四十万美元，这个数目已经超过了该行的资本。

由此可见，在1787年时曾有巨量的公债散存全国。这些公债集中和分配的程度无从确定，除非把财政部的文献细研之后，但是由于文献的缺失，我们也永远不能获致绝对正确的说明。在会议召开时，这些操在持有人手里的证券的价值无法举出准确的数字，因为各州的价格高低不一。甚至在汉密尔顿的准备金制度实施之后，公债持有人所得的价格也只能加以大略的估计，因为公债价格是决定于公债出售的市场。例如，1797 年 3 月 5 日，六厘公债每一镑值十七先令，1792 年 8 月 3 日，每一镑值 22 先令。同上两期，延期的六厘公债，前期值九先令一便士，后期值十三先令七便士；三厘公债，前期值九先令一便士，后期值十三先令一便士。

除开外债不计，1787 年春在美国公民手里的公债约达六千万美元。这些以不同的价格不断地转手。在立宪以前，在有利市场上的普通售价仅仅票面价值的六分之一至十分之一；有的则低至二十分之一。实际上，许多持有人都认为大陆公债毫无价值；要是制宪无限期地拖延下去，它可能变得毫无价值。所以我们不妨推想，由于宪法的通过与稳固的金融制度的建立，公债持有人最少赚到了四千万美元。这还不曾计及在政府成立以后，尤其在 1792 年纽约证券交易所成立以后，由于操纵证券所获的厚利。

然而得到利益的并不全是公债券的原来持有人，即借钱给革命政府的人士或在战时贡献劳役的人士。然而，依照国会一般的办法，他们还可丧失他们全部的大陆证券。有如皮特金所指出的，“公债的利息不付，政府的信用扫地，公债被认为毫无价值，最后许多原始的持有人便以仅值名义上价值十分之一的价格把它出售”。从这个观点看来，由于政府的建成而引起的公债涨价，甚至对于原始持有人也都有利益；在若干州里，一半以上的证券已经以低价流到投机家的手里去了。

只有同当时的其他形态的财富加以比较，我们才会了解巨额国债与因公债涨价而获致巨利的意义。不幸，制宪时期的统计不足考证，只留下一项土地估价，那是根据国会于 1798 年通过的一次法案制定下来以备征收直接税的。下表罗列十八世纪末叶各州的土地价值（不包括房屋，房屋价值约在一亿四千万美元以上）与各州公债办事处于 1795 年支付公债利息和六厘公债的二厘的补偿所付出的货币总额。

州　别	土地价值（美元）	利息等等（美元）①
新罕布什尔	19,028,108.03	20,000.00
马萨诸塞	59,445,642.64	309,500.00
罗得岛	8,082,355.21	31,700.00
康涅狄格	40,163,955.34	79,600.00
弗蒙特	15,165,484.02	
纽约	74,885,075.69	376,600.00
新泽西	27,287,981.89	27,350.00
宾夕法尼亚	72,824,852.60	86,379.19
特拉华	4,053,248.42	2,980.00
马里兰	21,634,004.57	74,000.00
弗吉尼亚	59,976,860.04	62,300.00
北卡罗来纳	27,909,479.70	3,200.00
南卡罗来纳	12,456,720.94	109,500.00
佐治亚	10,263,506.95	6,800.00
肯塔基	20,268,325.07	
田纳西	5,847,562.00	
总　计	479,293,263.13	1,189,909.19

此外，还应加上财政部对于在该部登记的证券的支付，其每年支付

① 在各州公债办事处的簿籍上未见列入本金的数额，故利息的支付并列在这里。

的本息达二百七十二万七千九百五十九美元零七美分。

根据上表，毫无疑问，1787 年十三州可征税的土地的总值应当在四亿美元以内。非常可能，这种估计还得降低许多。然而就算这样，在制宪期间，四千万美元的涨价也已等于当时可征税的土地总值的十分之一。

从另一方面来看：公债持有人从新制度建立上所得的利益约等于康涅狄格州征税土地的总值，略少于新罕布什尔、弗蒙特和罗得岛三州土地价值的总和，约等于纽约州土地价值的一半，马萨诸塞州土地价值的三分之一。美国全国从新罕布什尔到佐治亚的男女老幼最少每人分摊了十美元。

我们也只有经过比较之后，才能明了每年支付的利息数目的意义。税务委员考克斯估计，自 1791 年 8 月 1 日至 1792 年 9 月 30 日美国输出的商品价值达二千一百零五万五千零六十八美元。换言之，每年内债的利息超过了每年输出总值的十分之一。截止 1792 年 3 月 4 日，三年来每年平均的输入凡一千九百一十五万美元，内债利息也超过了美国输入商品价值的十分之一。

一个最有潜力的公债势力是辛辛那提会，它由革命军的军官组成，在各州都设有地方分会。有如其他的士兵一样，这个组织的会员在爱国的服役中也受领了一部分的土地券和贬值的证券；但是不像一般人那样，他们大都是有以为生的人士，无需以低价把自己的证券售予投机家。在财政部保存的各州公债办事处的记录上，出现了许多这个团体的会员的姓名。这个团体的许多州的分会，而不是所有分会，都从这个来源上获得了基金。

这个团体在会议上的政治影响已是公认的事实。当讨论总统民选之时，格里曾表示反对。他说："人民的无知可以使普选沦于散布全国行动一致的一群人物的操纵之下。他认为这种团体就是辛辛那提会。他们备受尊崇，拥有组织而且有影响。如果把选举诿诸人民，事实上他们会举出行政的首长——他尊敬这个团体的人士，但不能使他无视有将选举权利交付他们的危险。"梅森上校同意这个观点。

一位法国代办在 1787 年 7 月给他本国外交部长的信件中，提醒他注意辛辛那提社在新政治运动中的重量，但是他指出他们的势力曾过分地被夸大了。他说："辛辛那提社就是指退伍军官而言，他们既然是公众的债权人，所以对建立一个坚强的政府感兴趣。但是，考虑到国会的信誉不佳和不可能由现在的行政当局来清偿债务，他们建议把所有的州组成一个拥有王权和一切特权的以华盛顿将军为首的债权集团。"他还说，这些人申言如果制宪会议失败，他们将发动一次武力革命，但是他认为这种企图是过分夸大了，不足加以重视。

然而这个团体确有严密的组织。会员之间保持着经常的、广泛的通信联络。他们几乎一致拥护改组全国政府，使其更加有力。他们痛恨各州的民众运动，尤其是马萨诸塞州的谢司暴乱。战争使他们乐于采取坚强的措施，从而支付他们的服役证券，使他们在争取一个拥有足够征税权力的政府的运动中得到了经济利益。再者，由于他们的"秘密的"和"贵族的"色彩，而受到了人民的敌视，他们团结起来了。

制造业和航运业形态的动产——第三个动产利益集团包括制造业人士，他们在当时就已经不是无足轻重的。大量的资本已经投放在各部门的工业上面，而丰富的自然富源也显示了资本主义企业的远大前程。这时英国正在实现产业革命，阿克赖特[①]的盛名正在这里到处传颂。在分析联邦会议各代表的经济利益中，我们发现一部分重要角色都和工业界有直接的关联。虽然他们的主要目标不限于工业的保护，但是他们无疑地注意这种制度。在会议外面，许多政论家也提出了保护工业的呼吁，因为英国的歧视政策不利于美国的经济独立。

早在 1785 年 4 月，费城的工商业名流便已向本州议会提出一项备忘录，对国会不能“全权处理美国的商务”表示惋惜，同时希望议会提请国会提出建议，要各州授予国会这项权力。签名者并且确定“宾夕法尼亚州的商业界也有同感”。签名者当中有菲茨蒙斯和克莱默。他们一定会代表宾夕法尼亚州和商界出席制宪会议的。

宪法的拥护者热切表示：由于缺乏保护，工商业正日趋于衰灭；因而他们的呼吁一定要得某种满意的答复，虽然我们至今还不能说明当时这种呼吁究竟普遍到什么程度。过言减低关税的危险，这种风气不独见于今日，那是自古已然的。当时消费者也曾受到缺乏保护的损害，这在今日还未获证明。但是“纽约的工商业家在 1789 年送达国会的请愿书上，的确埋怨国人迷于表面的富庶，迷于外国商品的充斥，因而误解超额输入可以造成商业的繁荣。他们（请求者）反对继续这种偏袒外货的偏见，这是他们痛苦的主要原因，也是他们诉愿的主题。”

① 阿克赖特（1732—1792），英国纺织机发明家。——译者

许多制造业、航运业和商业的利益集团的确希望通过宪法，借以保证实施反对外国竞争的保护。这在 1789 年 4 月、5 月和 7 月送达国会的各次备忘录上，完全得到了证明。这几次备忘录全是要求立即实施差别关税法的。

第一请愿书来自马里兰，其实是巴尔的摩市于 1789 年 4 月 11 日，即下院开幕后数日，送达下院的。第二次于一周以后由代表纽约的制造业的委员会送达下院。1789 年 5 月 25 日，费城的造船业向国会请愿；7 月 5 日，波士顿的工商业家出面了。巴尔的摩、费城、纽约和波士顿是美国的商业和航业中心，这些城市都非常热心于争取新政府的建设；它们提出的请求保护的诉愿，就是宪法的经济解释的文献。

在巴尔的摩的请愿书上列了该州出席联邦会议的两位代表的姓名，卡罗尔和麦克亨利，及该区二三百位公民的姓名；要分析他们的政治经济的关联，无疑的需要详细的研究。请愿书陈述自革命结束，各州各自为政以后工商业的衰落惨况。他们认为，“幸福的时期而今来了；今天美国已经处于一个新的形势之下；今天新的政府使全权的立法机关拥有对输入商品课税的特权。你们的请愿者希望美国从长年束缚它的商业桎梏中解放出来，将能发现而且获致它的真实利益，从名义上的独立臻于实际上的独立；他们深信对于美国制造业的奖励与保护必能及早获得最高立法机关的关切”。

马里兰的请愿者以为他们向政府请求救济并非出于狭隘的动机：“穷人的数目因失业而增加，外债高筑，房屋与土地跌价，工商业衰落而且崩溃——这些都是需要保护立法的说明。”于是他们要求对美国可以自制的外国商品一律课税，以“优惠他们的劳工”。

他们深恐国会不能了解他们请求救济的用意所在，因而附列了一纸马里兰制造的或能够制造的从而需要保护的商品详单，包括船只、木器、钟表、靴鞋、鞍具、刷子、粮食和生铁等等。

纽约制造业者的请愿书陈述他们在革命成功之日如何希望繁荣，而“基于偏见并由懦弱的政府加以鼓励的商业上的篡窃制度”却粉碎了他们的希望。他们徒然挣扎，“疲于应付，早已深望成立一个政府，俾有权力遏制这种日益增长的不幸，而对工商利益加以保护。这种政府今已成立。当宪法颁布开始实施之日，你们的请愿者会从中发现他们朝夕渴望的救济。他们忠诚爱戴并永远拥护宪法”。生怕国会不知道根据正确的原则制定保护关税，请愿者也附送了一纸该州制造的并且希望加以保护的商品清单。

费城的请愿书要求保护航业，申诉该港造船的吨数比革命以前已减低三分之一，并吁请注意英国的航海法等于禁止他们为英国主顾建造船只。他们并且说，他们“早已期望根据美国新宪法成立可敬的国会，深信国会必能以全力复兴这一门必需的有用的产业”。依照巴尔的摩和纽约的先例，他们也向国会提供了保护美国航运业的最好的办法。

波士顿的制造业者和造船业者也表示：革命以后，该地的造船业也日趋衰微，复兴北方的制造业也有赖于联邦的切实保护。从而，他们要求“对本国公民能够制造的外国商品课以重税，目的不在于增进税收，而在于阻止这一类商品的输入，俾在国内建立这些部门的工业”。列名于请愿者之中的，有：制绳业者、制帽业者、制焊锡业者、制皂业者、制烛业者、毛刷业者、雕船业者、制帆业者、家具制造者、造车业者、制服业者、制鞋业者、黄铜器制造者、铜器制造者和制胶业者。

在波士顿、费城、巴尔的摩、查尔斯顿和纽约各地庆祝宪法通行的游行中，各地方制造业都由他们的巨子代表，这说明他们并非不懂新制度给予他们的利益。但是我们却不要认为利益集团团结起来拥护宪法仅限于地方的性质。相反，这是具有全国性的。

革命以后，地方集团马上由许多通讯委员会联系成为一个全国性的利益集团。在宪法制定以前，波士顿商人不断号召各州的商人参加全国性的争取保护运动；在新政府实现以前，他们极力在全国工商业者当中鼓动一致的行动。1788年，波士顿的工商联合会向“全国各海港的同业”发出通告，吁请在当时共同合作。在这个波士顿的呼吁书上署名的，有格雷、夏普、奥斯丁、贝尔彻、霍斯、威瑟勒——他们都在翌年送达国会的请愿书签过名。

在关于复兴的争执中，宪法的拥护者曾提出这样的理论，以为消费外国的奢侈品和制造品实为经济困难的主要原因，并且申言国家立法是解除输入重负的唯一途径。在1787年2月的《美国博物志》上，一位作者写道：“只有全国食用的甜酒和茶要缴纳关税。但是我们如果加上糖、咖啡、棉纱、蚕丝、皮货以及其他无谓的商品，算是什么重大的负担呢！无疑的，你们都缺少钞票。我的同胞全都变成风流人物了。皮货和夜壶一定都要从国外输入。当然，绅士们，作怪的就在你们当中。一个新罕布什尔人每年喝了四十先令的甜酒，从来不觉得负担重大，从而发动一次暴动，要求减低州长的薪俸。”

1787年11月12日的《康涅狄格新闻》写道：“在纽约港里现在有六十艘船只，其中五十五艘是英国的。南卡罗来纳的出品装载了一百七十艘船只，其中一百五十艘是英国的。……许多关心本国利益的美国人，都知道必须马上建立一个有效能的联邦政府。没有这样一个政府，北部各州不久就要减低人口而陷于贫困，而南部各州就要变成了丝蚕，为欧洲而辛苦操劳。”

但是新制度拥护者不断宣传的经济状况的暗淡说法，并不为卓越的和权威的作者所采纳。制宪会议的代表之一，富兰克林，早在 1787 年会议召开之前，就已经说过，整个说来，美国是十分繁荣的。他说得不错，有人怨诉时代艰难、贸易萧条和货币奇缺，然而在任何时代或任何国家，总有一些人们感觉到时代的艰难，谋生不易，“少数人遂以之作为叫嚣的借口”。富兰克林认为：就整个社会的若干阶层来说，繁荣是普遍的而且是显著的。农民的产品从来没得到过更高的价格，“他所占有的土地不断地涨价”。在欧洲的任何国家里，贫苦的劳动人民都没有得到如此的报酬或衣食。他认为渔业的状况相当恶劣，而商业机关也过于繁多。但是他不忧虑英国商品的大量输入，因为这不是新奇的现象，尽管这样，美国还是繁荣起来了。

富兰克林对于立宪以前一般社会状况的看法，大体上很可能是正确的；《邦联条款》的缺点并不成为社会组织的严重威胁，有如主张改革的人们所叫嚣的那样。可能是，“严重时期”并不是一个那么严重的时期；若干缺失造成了幻想的错觉，不经过一次政治的革命，那是无法救药的。有些历史家不假思索地引用了费斯克的词句，说是告发一种制度、一个时代和一个民族是一件严重的工作；这些历史家似乎是无见及此的。似乎没有一个人曾经切实地研究过要有怎样恰当的事实才可以证明“社会秩序的约束正在解体”。当然，谢司党人的激昂的宣言不足作为人民状况的正确反映，得利人物的书信和论文也不能不折不扣地予以接受。如果我们记得我们大部分历史著作都是出于联邦主义者的手笔，那么很明显，在接受他们对于在《邦联条款》下的社会状况的描绘，就必须特别谨慎。一位博学的虽然是反对派的历史家道森，在四十多年前发表的一篇论文里，曾经提出一个可以喝彩的判断（引证精细）。他说：历史家论究1783至1787年的历史时，惯于提到“混乱”，其实这是他们的凭空捏造。

然而不管怎样，也不论富兰克林的看法是否正确，当时利益集团要求保护的确是盛极一时。送达公共机关的请愿书、参加这种运动的显赫人物的数量，以及新政府答复他们要求的迅速，都说明了这个事实。

投放在西部土地的资本——虽然在革命之前就有许多公司成立起来，从事西部土地的大批买卖，但是直到革命结束之时，这才开始采取有效的移民步骤。哈斯金教授说道，当时移民的拥挤，土地的低廉与缺乏零售的明确办法，使许多大规模的地产公司得以建立。由于贬值的通货与一般对于西部的茫无所知，他们的投机机会益见增加……（1796年）皮克林（宾夕法尼亚州批准宪法会议的一位代表）写道：“我现在所有的财产都是从土地投机得到的”，许多显赫人物也可以说出同样的话。参加土地投机的有华盛顿、富兰克林、加拉丁、亨利、莫利斯和威尔逊以及许多不大闻名的人物。

情形是这样的：在《邦联条款》时代，国会曾通过一种政策，以土地换回一部分的证券；有人希望全部的国债可以借此清偿。然而，邦联的无力、军力的缺乏与边疆的不安，却使土地的价值跌到极低的价格。投资于这些土地或持有公司股票的人们，看到了政府政策的失败并且预见在一个新的稳固的政府之下可能有厚利可图。这种观点由威廉森——北卡罗来纳州出席会议的一位代表——表达出来了。他在1788年6月2日致麦迪逊的一封信上写道："就我来说，我申明我的意见并不为私人的利益所左右，但是我在西部领有相当面积的土地，我深信一个有效能的联邦政府一定会使这些土地的价值提高。"

各种财产在政治上的重量并不决定于它们的数量，而是决定于它们所能获得的机会与防备企图贬抑它们的价值或取消它们扩张机会的敌对的立法所必需的程度。明白了这一点之后，动产在1787年的政治上面所以具有特别压力的理由也就昭然若揭了。它受到了各方面的攻击，它发现了一向为政府的行动或漠视所封闭的有利的活动道路。如果我们可根据在《邦联条款》时代的国会的政治加以判断，那么两个有连带关系的集团最为活跃：一方面努力于建立一种税收，足以清理国债的本息；另一方面则努力争取一种商业条例，有利于动产在航运业和制造业的活动，和在西部土地上的投机。

还须记住：动产往往比不动产更为活跃。它集中在都市里面，可以联成一气且有更大的方便，以从事防御或进攻。1787年，利益的希望寄托在动产的操纵上面的远远超过不动产。它拥有一部分依附于它的从业员阶层；它在报刊方面的影响非常之大，不但由于有所有权而且也由于广告和其他的惠顾。总之，动产是新宪法运动中的活动因素。

第三章 制宪运动

1787 年美国现行的政治制度妨碍了上述的经济利益集团么?制宪运动中的领袖们算是这些利益集团的代表么?

前一个问题是无须费力研究的。上面的叙述已经把问题解答了一半;再者,所有标准的论著也通通指明当时的法律制度都是不利于上述四个有力集团的财产权利。当时的制度概述如下:当时根据《邦联条款》,十三州仅有一种松散的联系。中央政府仅有一个一院制的立法机关;在这里面,各州拥有平等的表决权。没有执行机关,也没有总的司法机关。中央政府无权节制商务或直接征税;由于缺乏这些权力,政府各部遂陷于无助。尤其是政府无从筹措款项,以清偿证券持有人的本息。在这种制度下,州议会实际上不受任何限制,也不受司法的控制;私有财产权利不断遭受种种法律和方便债务人的种种设施的打击;在新英格兰甚至爆发过一次公开的叛乱。

有关的经济集团仰望出现一个新的中央政府,借以获致解放和利益。这种希望屡见于无数小册子和报章的论著上面。这实在是当时的主要论题。

例如 1787 年 8 月 29 日费城的一篇通讯就恰恰反映了依赖新宪法的利益集团的观点:“各州不事修路和疏浚河道,它们观望中央政府是否将担任这种必要的修浚。贸易和制造公司停止装运和制造，观望全国性的商业条例究竟会给他们的商务以多大的保护和奖励。合法的高利贷封闭或窖存他们的资金，观望新政府是否将使他们避免遭受纸币和姑息立法的侵害……公债的持有人一向担忧他们的证券会变成废纸，而今却把所有的希望寄托在开明的稳定的中央政府上面。希望解放而移殖于边境的贫苦农民与被压迫的佃农，观望政府是否将保护他们不受印第安人的侵害。”

对于上列第二个问题的最后解答，则必须遵循下列的方式，彻底分析“制宪运动”：

一、研究在革命中，尤其在起草《邦联条款》的大陆会议中各种经济势力。

二、研究不满现行制度的最初种种迹象，以及它们的地理分布与经济根源。

三、研究在《邦联条款》下会议的数度努力，企图取得权力以管理商务、征收赋税借以清理公债。

四、分析在这几度努力中最积极的人士的经济利益。

五、分析在会议中力主修改《邦联条款》的代表们所代表的集团的经济势力。

六、研究 1783 年至 1787 年间侵害私人财产权益的立法的本质及其地理分布。

七、研究在会议中、在州议会中以及在议会外面，主张修改《邦联条款》的人物及其主要人物的经济利益。

稍稍熟悉美国历史文献的人们，都会马上知道这种工作必须有赖于收集资料。我们必须深究华盛顿图书馆中未印的大陆会议的文件;必须翻检当时各年间各州议会的记录;必须检查地方的案卷和报纸。

基于目前的历史资料的状况,本书只能就立宪运动的若干表面现象加以浅释。许多参加有关1787年会议的事件的卓越人物,都是大会的代表;他们的经济利益将在第五章中加以讨论。但是若干未曾参加会议而致力于推翻旧制度的人,也曾从他们努力的结果中获得直接利益。这也是我们必须加以讨论的。

早在1781年1月,斯凯勒将军就在纽约的议会中建议“邀请东部各州举行会议,组织一种永久的联合机构;借以维护各州的共同利益并且征求别州同意;建立弗蒙特州;筹集公债清理基金;奠立久远的制度以替代权宜的办法;赋予联邦以强制的权力”。斯凯勒将军是一个贬值证券的大持有者。

1781年2月,国会曾向各州建议授予国会一种权力,俾可征收一项赋税以偿还公债的本息。1783年4月,国会再向各州呼吁,赋予征税还债的权力。主张提高权力的议会领袖有:戈勒姆、希金森、埃尔斯沃斯、戴尔、鲍丁诺特、菲茨西蒙斯、威廉森、伊泽德、约翰逊和金,等。这些人士都拥有公债,而公债由于政府不能履行其义务,正日趋跌值。

1785年,马萨诸塞州州长鲍多因在他的就职演说中,鼓吹必须成立一个更强大的联邦拥有更大的权力,并且建议召开会议商决整个的问题。鲍多因州长也是一个公债的大持有人。同时州议会也作出决议说,《邦联条款》不够完善,并且指示各代表采取步骤,加强邦联;可惜他们未能行动。

许多不如鲍多因和斯凯勒显赫的人士,在这些事件的经过中,也都受到了联邦主义的教育。在波士顿，商人们不断呼吁国会解除英国的歧视。在弗吉尼亚的议会中，商业利益集团的代表们正在学习他们的功课；要求采取积极行动的呼声与日俱增。在《邦联条款》下的束手无策，也鼓舞了准备彻底改革现行制度的人们。

略举一二事例便足以说明要求改革运动是如何发展起来的，并且可以说明运动中的领袖们与各社团人士们之间的关系，他们在往后的创制与批准宪法的伟大工作中曾经尽了力量。在独立战争尚未结束而《邦联条款》尚未受到平时的考验之时，邦联政府对于保护公海上的商务的无能，就已经使商人感到失望；他们的船只往往成为英国的俘虏。1782 年 4 月，一群巨商曾向国会递送了一件请愿书，痛斥英国对于美国商业的蹂躏并且要求海军的保护。在这个请愿书上签名的人物，有好几位后来都热烈主张成立一个强有力的联邦政府。其中之一即菲茨西蒙斯，他是制宪会议的代表；另有一人即巴克利，他是宾夕法尼亚会议的一个代表，投票赞成批准新政制。

在费城会议前六年，邦联金融制度的紊乱也是有关集团群加诟责的口实。1781 年，“宾夕法尼亚州的各种居民”曾呼吁国会采取行动，使国家的信用得以奠立在一个稳固的基础上。请愿书写道：“敬启者：前者诸君深谋远虑，发行信用券，用意至善；顾券值贬落殊出意料之外，遂大启欺诈不议之门，一反诸君之初意。爰敢恳请诸君俯谅舆情，苏息民困，咨请各州采取善策，匡此非义……。”在这封请愿书上签名的有布尔、哈纳姆和切尼。他们在六年以后，都是出席宾夕法尼亚会议的代表，都投票赞成批准宪法，借以结束他们一向深恶痛绝的罪恶。

国会一再不能获得征收进口税的权力，各州对于国会要求的拒绝以及他们不能经由各州议会的批准而达到目的，使致力于这种运动的人士大失所望。共和政府虽曾努力，却终不能给予动产以其在君主政府下曾经获致的保护与发展的机会。财产利益集团的代表们乃不免绝望，准备采取孤注一掷的措施——这种情形充分表现于当时的通讯上面。

华盛顿在 1786 年 8 月 1 日从芒特弗农寄给杰伊的一封信里写道："几年之内可能发生惊人的变革。据说备受尊敬的人士也公然发出君主政体的论调了。思想表现为议论，往往一蹴即进为行动。无可救药！我们的敌人胜利了，他们证实了他的预言——专制政治的拥护者胜利了，他们发现我们无能自治而建立在平等自由基础上面的制度不过是理想和虚妄而已！托天之福，我们或可及时采取智慧的措置，借以挽回我们可以预见的结局。"

同年年底，公债持有人诺克斯将军给华盛顿的一封书信里写道："属于叛党（谢司党）的人民从来没有付出什么，至多不过极少的赋税——但是他们看出了政府的懦弱；与殷富相形之下，他们直接感到自身的贫困和他们自身的力量，他们决定使用自身的力量借以挽救自身的贫困。他的信条是：'合众国的财产是大家共同努力从英国人手里夺回的，因而它必须成为大家的共有财产。反对这个信条的就是平等和正义的敌人，必须从地面上扫除掉。'总之，他们决心取消公私的债务，并且已经拥有种种土地法，这些法律是很容易用那些没有准备而无论如何算是法币的纸币来实现的——

"在马萨诸塞州，这种人民当占若干人口稠密县份的五分之一。在罗得岛、康涅狄格和新罕布什尔各州，这种人民可以组成一个一万二千至一万五千人的绝望和肆无忌惮的团体——他们都是社会上年轻活跃的分子。易于啸聚,以后或难于持续团结——但是他们可能采取公然的叛乱行为,从而不得不团结一致,以求自身的安全——他们一度团结之后,基于同一的理由,他们就不得不接受号令。他们一旦发展到了这种程度,我们将不免要遭遇到一次反抗理性、反抗所有政治原则以至反抗自由名义的叛变。这种可怖的情况业已威胁了新英格兰的每一个讲原则、有财产的人士。他们恍如噩梦初醒,茫然不知所为。怎样才可以避免无法之徒的强暴呢?我们的政府必须加强、改革或转变,俾能保障我们的生命和财产。我们幻想,我们的政府的温和与人民的美德如响斯应,因而我们不像其他的国家必须以暴力支持法纪——但是我们知道我们都是人,都是现实的人,具有属于兽类的暴动情感,所以我们必须有一个特殊的稳定的政府。例如,马萨诸塞州的人民便深明这种理论。凡有思想和有主张的人士莫不决心努力建立一个能够保障他们的合法活动,能够抵御内乱外患的政府——他们认为:自由,一种基于平等和坚固的法律的自由,是政治的基础。他们希望出现一个统一的政府,他们却看到地方议会必然阻碍统一政府的出现。"

数月之后,麦迪逊从纽约致彭德尔顿一封信,表抒华盛顿与诺克斯所持的观点并且指陈其所见到的共和政府的危机。该信日期为 1781 年 2 月 24 日,距国会宣布召开全国会议的日期仅三日,信中写道:"一般来说,我觉得有思想的人士对于新制度的希望远不及对于现制度的绝望之甚。的确,现制度不但没有人们加以拥护,而且也不值得加以拥护;如果没有非常有力的支持,它就会马上崩溃下去。……如果行将举行的会议不能获致一种挽救之道,则一种极端不同的变革势将出现。过去马萨诸塞州的骚动景象以及罗得岛州的几次小规模的骚动,曾使共和国在当地的声望受到了不可言喻的损害;据传其结果已经在若干领导人物的心中产生了拥护君主政治的倾向。多数人民似乎宁愿择取其次,即分裂邦联,使其形成三个比较实际而且有力的政府。后一思想早已在个人思索及私人交往中酝酿已久,而今已经公然在报纸上表露出来了。”

在麦迪逊的这一封信发出后数日,阿姆斯特朗也从卡莱尔致函华盛顿,说明对于马萨诸塞州的叛乱的镇压并不会消弭当地人士的恐怖。他说:“马萨诸塞州掀起的危险似乎已近于扑灭了,但是如果该州进而采取严厉的措置,如死刑、抄家或剥夺公民权,将有糟糕的后果,终使死灰复燃。我老实告诉你,我已两度从并非次要的权威人士方面得知(该州的若干要人),在国会里已经开始谈论希望有一个邦联总首领的问题!”

从上引的那一类通信里,从逐渐增长的对于他们的危殆处境的承认上,有关的各方面形成了一个显著的集团。全国的富人、巨子以及大部分的知识分子,有如威尔逊总统直截了当地指出的那样,“由于意识到的利益的一致”,结成了一个坚固的团体。

由于不能通过正常的方法获致解救,即通过国会立法由各州议会批准,领袖们乃打开了一条新的道路。在弗吉尼亚州议会的协作之下,他们决定邀请各州派代表出席安那波利斯会议,商讨合众国的贸易和商业制度。这次会议如期举行了,但因参加的人数不多,其结果有如伯吉斯教授所说,“如此少数集团所企图的政变,只有失败而已!”

虽然安那波利斯会议初意仅在商讨商务问题,然而无疑的,它不失为在国会内外致力改革整个制度的人士们的一种成就。毫无疑问,这一次会议本身也并无重大意义,但作为以后改造政治的全国会议的前奏却有其不可否认的作用。这种看法可以引证一个权威的证明——麦迪逊在1786年8月12日,距安那波利斯会议前一月,曾致书杰斐逊说:"若干国会内外的人士希望使这次会议成为改组联邦的一次全权会议。虽然我赞成这种事情,但我对在当前危机中完成此项工作殊感无望,所以我并不希望这次会议的成就将会超出商业的改革。"

在汉密尔顿的影响下,安那波利斯会议仅仅成立一项建议,要求召开另一次会议"借以商讨更进一步的必要步骤,俾对联邦政府的宪法有所贡献,庶可克服邦联的危机"。根据这项最温和的建议,国会乃于1787年2月邀请各州"为修改《邦联条款》的唯一的和紧急的目的",派遣代表出席费城会议。

从这里可以得到若干假定的结论:

在《邦联条款》下面的政治制度不利于巨大的主要的经济利益集团,如公债持有人、航业家和制造家、生息资本家;总之,与土地对立的资本。

这些主要的利益的代表们曾企图通过正常合法的道路修改《邦联条款》,以保护他们将来的权益,特别是公债持有人的权益。

在不能经由正常的道路实现他们的目的时,改革运动中的领导者乃努力经由迂曲的道路,争取召开会议来"修改"《邦联条款》,希望从现存的立法机构之外通过一项革命的政纲。

然而,国会和州议会在形式上予以同意的计划显然是要保留下来。

第四章　代表选举中的财产保障

在表面上合法的掩护下，立宪运动的领袖们便分别在所属的州议会里活动，借以选出准备采取适应时代要求的英勇措施的代表。由于群众的疏忽、无知与漠视，也由于各州议会相信自己可以通过批准权力以行使最后的决定权，热心的活动的分子乃大获便利。各州都不曾举行特别的普选，立宪运动的领袖的任务仅在于使各州议会派遣代表。结果，主张变革最力的人士都变成了候选人。

国会召集会议的决定曾经规定代表应由"各州指派"。除仅有一院制议会的佐治亚和宾夕法尼亚两州以外，各州的选举均由两院参加。换言之，制宪会议代表的选举方式和采取直接选举原则之前各州根据现行宪法推选参议员的方式相同。这种事实使代表选举不必经过选民。

为使会议代表的选举不受人民的左右，当时还有更进一道的防线，即1787年实施的州宪所规定的关于投票人和州议员的财产限制。为要了解这种借限制全民投票以保护财产的确切性质，我们必须详细研讨当时规定的种种限制。

新罕布什尔州的1784年的州宪实施于举行代表选举之时。它规定，"凡非新教徒并拥有不动产价值二百镑者，不能当选为参议员”。下院议员必须拥有“价值一百镑的财产,其中一半应为不动产”。选举权普及于不动产所有者、纳税者以至只缴纳人头税的人民。

马萨诸塞州规定,凡拥有不动产,其每年收入达三镑,或不动产价值六十镑的男子都有投票权。参议员“必须在本州拥有不动产,其价值最低为三百镑,或最低价值为六百镑的动产,或两者价值总和相当”。众议员“在本区内必须拥有不动产一百镑,或价值二百镑的有价财产;如一旦损失上述资格时,即不能为该区的代表”。

康涅狄格州与其邻州罗得岛相同(罗得岛未曾选派代表出席费城会议),在革命之后并未制定新宪法,依然保持从前皇家宪章所规定的政治形式。在这种旧制度下,投票权限于拥有若干不动产和动产的所有者。据麦金利的说法,“直到1845年修正了1818年的宪法之后,投票权的财产限制之一始终是四十先令的不动产,其后改为从土地上收入七美元”。这里的替代限制是拥有动产四十镑,这种规定开始于1702年,一直延续到革命以后。当时康涅狄格的记录写道:“自由人的资格限制是:他们最少须年满二十一岁,拥有不动产价值四十先令,或动产四十镑。”

纽约的规定尤为特殊。参议员必须是不动产所有者,并且由“拥有不动产价值一百镑”的不动产所有者选举。关于下院议员的选举人,则规定“他们须为一不动产所有者,在该区拥有不动产价值二十镑,或在该地租有不动产年值四十先令,并向该州缴纳租税”。在1775年之际或以前,只有奥尔巴尼市和纽约市的自由人不受这种法律的限制。

在纽约州，这种限制剥夺了大量的人民的公民权。“1790 年的统计指出，在纽约市的三万人口中，仅有一千二百零九人拥有价值一百镑以上的不动产；一千二百二十一人拥有二十镑；二千六百六十一人拥有四十先令。有产集团——有如土地贵族——控制了地方。”在 1788 年的选举中，似乎曾有改善；在该次选举中，州批准会议的代表是根据男子普选的法规选出的，而州议会的代表则根据往常的财产限制办法选出的。例如哈里森以二千六百七十七票当选为会议代表，以一千五百票当选为州议会议员。在奥尔巴尼市，议会议员当选的票数约为一千六百票，不及会议代表当选的票数。这似乎不难设想，在纽约州，如果没有财产的限制，参加投票的人民可以增加三分之一。

新泽西州的立法机关包括两院。上院议员必须为有产者，“最少须在本县拥有一千镑的法币或不动产或动产”；下院议员必须拥有五百镑的财产。至于投票权，该州的宪法规定，“凡本地的人民达到成年，在本区拥有五十镑确实财产者……有选举上下议会议员的权利”。

特拉华州的 1776 年宪法规定，“议会两院的议员必须从本区不动产所有者当中选任，两院议员的选举权依现行法律规定”。当时该州的选举法即 1734 年的法规，规定“拥有五十英亩土地，其中十二英亩为已垦地或价值法币四十镑者”得享有公民权。

1776 年宾夕法尼亚的第一次宪法为激进派的努力结果。该法规定设立基于扩大的投票权的一院制议会。“凡年满二十一岁的男子，在该州居住满一年……并缴纳赋税者，均享有选举人的权利：惟不动产所有者的儿子年满二十一岁者，虽不纳税，亦得参加投票。”

在马里兰，关于镇与县的下院代表的选举规定是不同的。一般规定，“凡自由人拥有土地五十英亩”，或“在本州拥有三十镑以上的财产”，可以在其居住的县里选举议会代表。凡根据安那波利斯宪章享有投票权的人民均可参加市代表的选举；在巴尔的摩，凡有“县的选举人资格者”，可以选举代表。州议会中的县代表必须拥有“价值五百镑以上的不动产或动产”。上院议员由有资格选举代表的选民选出的选举人直接推选。上议员选举人应具有代表的资格，上议员本身则必须拥有“价值一千镑以上的不动产和动产”。

弗吉尼亚的 1776 年宪法规定两院议员须为“不动产所有者或者符合法律规定资格的人士”，并且规定两院议员的选举权依照现行法规规定。根据这种规定，凡拥有二十五英亩已垦地或五十英亩未垦地者，“以及居住在诺福克和威廉斯堡的某些手艺人”才享有投票权。

在选举会议代表之际，北卡罗来纳尚在执行 1776 年的宪法，对于议员及选举人均加有财产的限制。上议员必须拥有“不少于三百英亩的世业土地”，下议员必须拥有“不少于一百英亩世业的或终身的土地”。上议员的选举人必须拥有五十英亩的土地，下议员的选举权则普及于一切缴纳租税的自由人。在有权派遣代表的市区，凡拥不动产及缴纳租税者，均可以投票选举下议员。

南卡罗来纳州的议会是根据 1778 年的宪法选出该州出席费城会议的代表的。该宪法曾规定高额的财产限制。“在地区当选的上议员必须在本区拥有不动产，价值最少二千镑，不负债务；非本区居民的上议员必须拥有是项财产，价值最少七千镑，不负债务。下议员必须拥有财产和奴隶或不动产，价值一千镑，非本区居民的下议员必须拥有不动产，价值最少三千镑，不负债务。选举权限于拥有五十英亩或有城市地产的人，或缴纳相当于五十英亩土地税的人。”

1787年，佐治亚州议会依照1777年宪法仅有一院。该宪法规定议员“须为新教徒，年满二十一岁并拥有土地二百五十英亩，或财产价值二百五十镑”。选举权则普及于“拥有十镑财产有力纳税”或“从事任何手艺”的白人男子。

于此可见，各州大都对于选举人加以直接的财产限制，而若干州则实际上摒除了没有纳税的人民。新罕布什尔、马萨诸塞、纽约、新泽西、马里兰、北卡罗来纳、南卡罗来纳和佐治亚各州所加于议员的财产限制，形成了一道特殊的财产防线。而新罕布什尔、马萨诸塞、新泽西、纽约、马里兰、北卡罗来纳和南卡罗来纳各州所加于上议员的限制又是一道防线。

这些限制排除了大量的成年男子，使他们不能参加选举；但在另一方面，不动产的散布各地却产生了大批的选举人，并且在大多数的农业区域中给议会提供了一个广大的群众基础。这种限制不利于动产利益集团，只是便利了它的最危险的敌手：即极力企图以立法贬抑动产价值的小农和债务人。麦迪逊凭其一贯的敏感，看出了这种防线的不稳，并且在会议中指出财产（当然是指动产）的真正严重的危险乃来自“不动产持有者”方面。

然而，在选举出席会议的代表中，在各州议会里的动产代表却能运用他们的智慧和经济力量，选出了来自工业区域或与他们利害一致的代表。喜幸之至，在提出选举全国会议代表之时，他们必要加以说服的州议会尚未选出,也不曾引起民间的纷扰。国会于1787年2月21日宣布召开会议,几月之内除罗得岛一州外,各州议会即相继响应。因而大体上避免了诸如此类的重大政治事件往往遇到的热烈的公开争论,代表的选举遂得以顺利进行。

第五章　制宪会议各代表的经济利益

上面已经指出，四个集团的财产权益曾受到了邦联政府的妨碍，同时也已经指出改革运动的后面隐伏着经济的动机，现在我们必须研讨制宪会议的代表是否代表他们自身的财产利益。换句话说，就是起草美国基本大法的人们所拥有的财产是否由他们在费城努力的结果，立即增高了价值或更加有了保障？他们是否拥有生息的货币？他们是否拥有公债？他们是否拥有西部的土地？他们是否参加航运业和制造业？

这一项研讨的目的当然不在于指出宪法的制成只是为了制宪会议代表的私人的利益，也不在于发现由于新政府的成立他们曾经获致了多少千万的美元。这里所要考察的是：他们是否代表凭其自身经验与同一财产权利从而深切了解其经济利益的各个集团，或者他们是否仅仅遵循政治科学的抽象理论的指导而努力？

不幸，可供此项研究的资料非常缺乏，因为一般的传记作者总是忽视了他们的英雄所赖以谋生的方法。所以以下的叙述远非全貌，只是略见一斑而已。如果没有财政部的大批未公布的记录，以下的叙述必益见贫乏；这些记录，这里是首先加以引用的。然而如果不是关于汉密尔顿主持财政部时的中枢设施的大批文献业已散失，以下的叙述必更完备。现在将参加会议代表按姓氏字母顺序分叙如下：

亚伯拉罕·鲍德温，关于他的私产现在知道得还少。他的父亲显然是一位富翁，因为当他在佐治亚州萨凡纳市开业做律师以前，曾经在耶鲁大学受过古典教育。他不久即在其职业中显露头角，被认为该州的最精明能干的律师之一。有一篇他的小传说，"由于节约的习惯"，他颇有积蓄，能资助许多青年就学和立业。在1787年他的父亲逝世时，他能够清偿债务，并"照一个伟大的计划，以自身的财力"教育六个异母弟妹。

鲍德温的一部财产投于公债。他领有几千元新政府最初发的公债，这无疑是应募的或购进的邦联的旧证券。佐治亚的账簿文籍荡然无存——在财政里也无从稽考。但是鲍德温曾持有若干证券，却见于1792年4月他的原籍康涅狄格州的簿籍上，计有：延期的六厘公债、有保证的六厘公债和三厘公债，总值约达二千五百美元。

其后，于1797及1804年，财政部的记录上曾列其持有几千美元的六厘和三厘公债，但来源不明。也许这些债券是鲍德温以旧日的证券不向公债办事处而直接向财政部登记兑换的。他是国会的议员，可能向其最近便的机关办理兑换的手续。这些债券可能是购买来的，可能在狂跌之后。

关于特拉华州的里查德·巴西特尚无详传。有一篇他的简要传说：他"生于1745年，是法学家劳森先生的养子，劳森夫人为英泽女士。英泽家曾继承赫尔曼的波希米亚领地。……巴西特先生受劳森先生的教导，并且成为劳森的继承人。他因而拥有波希米亚领地的六千英亩的土地。据说这些土地包括了该领地里面的最膏腴的部分”。由于这项遗产及其在执行律师业务上所得的积蓄，使他成为本州的殷富之一。另一位传记作者说:“他的财产庞大，他在威尔明顿、多佛和波希米亚领土的三处宅第中狂宴宾客。”他同金融界的巨子交谊甚切。当南美银行遭受宾夕法尼亚州议会的攻击时，他努力使其在特拉华州取得执照，总经理威林曾于 1786 年 2 月 6 日致他的一封书信中，对他备致谢忱。

由于财政部所保存的特拉华州的文献为数甚少，现在还不能确定巴西特先生在新政府成立之初，究竟拥有多少的公债。在后来的财政部中央办事处的文献里，曾发现“旧账”的余额，计有价值几百美元的三厘和六厘公债，日期为 1796 年和 1797 年。从这项记录上，我们可以推定巴西特和其他国会议员一样，把他持有的旧政府公债直接向财政部兑换(财政部的早期记录业已散失)。

冈宁·贝德福德，特拉华人，为一“大家主”的儿子。在纽卡斯尔县 1776 年的税册中，贝德福德户下的税额达十六镑，在当时算是一项中等的数目。他是一位律师，但是关于他的业务状况并不清楚。他在社会上地位甚高，在制宪会议举行后几年被选为本州州长。他对于本州的金融事业甚感兴趣，特拉华银行就是他出任州长的期间成立的。因为财政部里仅存一些零星的特拉华州的公债办事处的文件，我们无从确定贝德福德拥有多少公债。一件陈旧的公债办事处的卷宗记载，贝德福德拥有一纸 1779 年 5 月的四百美元证券，同时这位会议代表同政府的财政关系还可以从宾夕法尼亚州的公债办事处的记录里看到。

约翰·布莱尔，弗吉尼亚人，约于 1731 年生于该州。他曾受高等教育，学习法律，“不数年即成为本业中的泰斗”。皮尔斯在他所作《制宪会议人物小志》里说：“布莱尔先生由于他的门第和财产，成为该州最受敬重的人物之一。他曾任弗吉尼亚州高等法院法官，具有渊博的法律知识。布莱尔先生不善辞令，但是他的真知灼见足以补偿其他方面的缺点。”

由于新宪法的制定与证券的上涨，布莱尔曾获致巨利。他拥有巨量的公债。1791 年 3 月，他以价值五百七十七镑十六先令七便士的弗吉尼亚的证券转换合众国公债，其中二百四十九镑为布莱尔于 1782 年直接应募的，其余则为购进的。同年，布莱尔的一位代理人交兑两张小额的证券，这两张证券显然是套购的，因为它们都是在 1778 年发给他人的东西。是年 9 月，布莱尔又曾以价值几达一万美元的证券转换合众国的公债，其中一部分是套购的，一部分则为原有的。

威廉·布朗特，北卡罗来纳人，为雅各布·布朗特的儿子，其父卒于 1789 年，“遗有巨额财产”。在 1787 年时，小布朗特的财产利益无从详考。在新政府成立之初，他曾参加大规模的土地投机。1790 年，他被华盛顿委任为南俄亥俄准州的长官；从他不称职一事看来，他似乎并不以做官为利。1797 年 7 月，亚当斯总统向国会提出咨文，指陈在西南方面发现一种阴谋，意图夺取西班牙的新奥尔良和佛罗里达献与英国，并且说，当时代表田纳西的参议员布朗特涉有嫌疑。合众国参院立即采取行动，于调查之后以二十五票对一票通过罢免案，其罪状为“不忠职守”。当武装警察执行逮捕，将他带往费城受审时，他拒绝出庭。他的拒绝受到了他的朋辈的热烈的支持，他拥有一伙人，因为如他的传记作者所说的，“他有服人的风度，谨恭朴质，有巨额的薪俸和大量的私产，常常在邸第盛宴宾客”。

现在还有事实可以证明布朗特于从事土地投机之外，同时兼营公债，因为北卡罗来纳州公债办事处所列的他的持有的数额为数无多，而其来源亦不明白。该州的记录诚属不全，但是在华盛顿出任总统之初，他就在西部任职，这一定使他失掉了在证券上大肆活动的机会。

戴维·布雷尔利，新泽西人，为约翰·布雷尔利的孙子，他“在新泽西州牛顿附近有土地一千六百英亩，在特拉华有农场一百英亩……在劳伦斯维尔附近有土地几千英亩。”有一篇他的小传说：“他在十八岁时获得普林斯顿大学学位，其后研究法律，不几年即成为本州律师界的领袖人物。”1779 年，他被任命为新泽西州首席法官，直到 1789 年；其后受任为该州合众国地方法院的法官。

布雷尔利卒于 1790 年，不可能与新政府建立财政上的关系。财政部所保留的新泽西州公债办事处的早期文卷殊欠完备，无从发现有关布雷尔利在制宪会议举行时持有公债的记载。仅有一项记录，在他的户名下面，列有购于 1779 年的一纸价值数百美元的证券。他的亲属的名字却一再出现于该州公债办事处的簿籍上，但他们持有的数额都很小。约瑟夫·布雷尔利的名字曾出现数处，例如在 1791 年 7 月间在该户项下曾列有三厘公债五百零五美元八十美分；戴维·布雷尔利有一个儿子和一个兄弟采用这个名字。伊利莎白·布雷尔利也是一个小额的持有者；这位首席法官的元配和继娶及一个女儿也采用了这个名字。此外尚有济鲁查·布雷尔利的名字，她是这位制宪会议代表的姊妹。

雅各布·布鲁姆，特拉华人，1752年生于威尔明顿。他的父亲“出身铁匠，被视为当时的‘上流人士’之一，在本阶级中虽非首富，却也‘颇饶资产，拥有不动产和金银。’‘阶级’差别，如身世、教育及资产，在当时前来美国寻求安身托命及自由的人们的心目之中，并未全被漠视。因而在这个时代的转变中，布鲁姆的父亲詹姆斯·布鲁姆被称为绅士詹姆斯·布鲁姆，布鲁姆被称为监督。他们两位都有土地和房屋以供租赁和出售，都有金银以供押贷。他们两人出卖、出租而且放债”。

布鲁姆拥有各种资产。他投资于纺织业及其他的企业。他是1792年创立于费城的南美保险公司的发起人之一。他也是在贝德福德任内创立的特拉华银行的发起人和股东之一。财政部所存的特拉华州的残缺文献不足考证在制宪期间该州的公债持有人；但是财政部的总账却显示布鲁姆于1797年曾拥有小额的三厘公债，并且注明这是旧账的余额。布鲁姆并愿意在新政府中担任官职，他曾于1789年4月向麦迪逊申请委派他为威尔明顿的税务官。

皮尔斯·巴特勒，南卡罗来纳人，为奥曼大公的后裔，出生不可考。威廉·皮尔斯在他所著的《制宪会议人物小传》中说：巴特勒“是一位富翁，为南卡罗来纳州的一流人物。”他是一个大奴隶主，在第一次调查时，有奴隶三十一人。他也拥有公债，因为他是第一家合众银行的股东和董事，一定有和其他股东一样的情况，以公债购得股份。他的名字不曾出现于南卡罗来纳的簿籍上，但他的女儿萨拉则于1792年拥有小额的公债。

丹尼尔·卡罗尔，马里兰人，据其同时人物皮尔斯的记载，为

"一巨富，在本州中负有声望"。他的利益极为庞杂。他是波托马克公司的股东；他主张保护关税，曾在第一次向新国会的请愿书上面签过名。他是公债持有人，他的名字数见于当时财政部的文献上面。他从新制度中得到的最大利益在于奠都华盛顿，他在这里拥有地产。

乔治·克莱默，宾夕法尼亚人，为"费城的富商兼造船业主"的儿子，其财产相传来自娶得本市同业的女儿。由于幼失怙恃，他追随本城的一流企业家威廉·科尔曼，出入科尔曼的账房，学习经商的技能，并且了解其所继承的科尔曼的财产的重要部分。克莱默的私人财产由于娶得"费城的巨商"里斯·梅雷迪斯的女儿伊利莎白，而益增庞大。因而他成为邦联第一任财务官梅雷迪斯先生的姻兄弟。他曾同他的岳父和孪兄共同经营过一时的事业。

克莱默先生熟悉商业和金融。他的巨资和卓见使他在革命时期成为本城的一等人物，在危急时代，使他在制宪和新政府的成立方面具有广泛影响。他在新政府中曾任国会议员，其后曾历任政府要职。

他在各种金融事业上均有巨大的利益。他投资五千镑，赞助创立临时的宾夕法尼亚银行（1780 年）。南美银行成立时，他是一名董事，其后又任费城银行的总经理。

克莱默以其丰富的金融经验运用在公债上面。据宾夕法尼亚州文献的记载，他于 1791 年 8 月曾拥有价值三千美元以上的三厘公债。如果他还拥有延期的和保证的六厘公债，他所持有的国债当在一万美元以上。

威廉·戴维，南卡罗来纳人，1756 年生于英国，于 1763 年由其父携来美洲，交给他的母舅——一位长老会的神父威廉·里查森照料。里查森负责他的教育，死时将遗产赠予他。戴维操律师业务，“不久即聚有一笔巨产”。他是有名的贝阿德对辛格尔敦诉讼案的辩护人；他曾说服法院宣告州议会的一次立法违反宪法。他在蒂沃利拥有一个肥沃的农场，死后遗下一笔相当的财产，于1892年成为诉讼的目标，诉至联邦最高法院。他的财产当然不算很小，因为他能以五千美元的代价购买一匹骏马。他同本地区地主们的关系既深且广，据说当时当地各家的遗嘱都是由他草拟的。

乔纳森·戴顿，新泽西人，曾于制宪会议那年，即1787年7月及8月，和约翰·克利夫斯·西姆斯一起在俄亥俄州购买大量的土地，并做西姆斯的代理人；在契约盖印之前，西姆斯及其合伙曾向财政部缴纳八万二千一百九十八美元，“其中七分之一为军人票券，余为合众国公债”。未缴地价将来应以金银或合众国证券及一部分（七分之一）军人票券缴付。1792年，西姆斯和戴顿曾提出要求，以为由于“证券的涨价”，他们应该得到更易履行的条件。这项文献显示，他们在会议举行时曾从事收购军人票券和政府公债。

其后由于同监督人勒德洛的串通和财政部长汉密尔顿的糊涂，西姆斯、戴顿及其合伙占了便宜，“以一英亩抵价一英亩半的军人证券支付了规定数额的七分之二左右，超过实际支付的一半以上，并非实际支付的七分之一”，使合众国政府损失三万美元以上。1800年三四月间，戴顿又以军人证券收购了一万五千英亩左右的公地。

戴顿在政府证券和军人证券上大肆投机，如果尚须证明，那么1800年他和他的合伙劳伦斯对另一个合伙蔡尔兹提出的讼案便是证明。该案曾提到大法官利文斯顿的面前，随后又撤回。在这一案中，蔡尔兹提出了戴顿的十六封书信，揭露戴顿身为众院议长，却从事公有土地凭券的投机。戴顿并非不知这种买卖的非法，因为他在 1796 年 4 月 17 日致蔡尔兹的一封信里曾经写道："本信内容不宜为外人窥及，阅后烧掉。"

戴顿在新政府成立期间及出任议长任内曾经大事公债的投机，其证据见于财政部的文献。他的名字频见于各州公债办事处的簿籍上，如加枚举可占本书几页的篇幅。略举数例以见一斑：1791 年二三月间，纽约公债办事处的簿籍上，在他的户下先后列入了如下的数目：一万七千零六十美元八十二美分，八千五百三十美元四十美分，一万一千三百三十二美元九十三美分，七千四百零一美元三十一美分，三千七百美元七十三美分，五千一百美元六十一美分，总计达五万余美元。在另一册上，他的户下列入一万五千余美元。又一册上列入六千美元。伍德在其名著《亚当斯政府史》中不无偏颇之处，而对于戴顿的评论却是正确的。他说："新泽西州的戴顿，前国会议长，闻名遐迩。其他国会议员的行为鲜有波及本人所属各州以外的，但是此人的投机却已传遍了西方世界。"

约翰·迪金森，特拉华人，为南部大地主之一。他于 1732 年生于马里兰州东海岸塔尔伯特县。他八岁时，他的父亲坦普尔·迪金森自马里兰迁来特拉华，"在多佛附近的肯特县置一巨产"。迪金森在中殿法学院修法律，于 1757 年在费城执律师业务。在五年的时光里，他的业务蒸蒸日上，声誉日隆。

他的财产如尚不足保证他在费城的工商界中获一适当的地位，那么他同该城一万巨商的婚姻关系却补偿了他的缺憾。

1770年他同诺里斯结婚，并在诺里斯的庄园——费尔希尔——居住一时，这里算是当时的名胜之一。辛普森说："这座邸第为当时一所非常堂皇而且著名的别墅，前面宽凡六十英尺，四周绕以树林、魁梧的常青树和秀美的灌木。这里是本城的风景之一，可以遥望特拉华……房子高两层，建造极为坚实，中为一间宽敞的大厅。引道盘旋曲折，通过一片广袤的草场，旁临日耳曼镇的道路，界以灌木。旷地、草场、屋宇、花园、鱼塘和小径，一共占了几英亩的面积。"这座巨产由诺里斯小姐的父亲遗给诺里斯本人，再转为这位男性继承人的掌业，但是诺里斯小姐依然保留了一部分她的父亲遗留的财产。迪金森曾捐献巨款给迪金森学院；他和夫人由于不吝慷慨捐助，备受社会颂扬。

由于财政部所存的关于特拉华州的文献为数甚少，我们无从断言迪金森是否曾同他的友好罗伯特·莫里斯、托马斯·威林、乔治·克莱默等费城名流一起从事公债的活动。他可能不曾从事公债的大量买卖，因为他在金融方面非常谨慎，在革命时期曾经弄得声名狼藉，据传他曾劝告乃弟拒绝接受债务人以必然跌价的证券偿付债款。在莫利斯处于困境时，他曾被累及七千美元；这件事情曾使他感觉不快，他可能不愿再事冒险。

奥利弗·埃尔斯沃思，为一康涅狄格州农民的儿子，他继承了一百镑遗产，"以勤俭起家，终于成为一个卓越的农业家"。他在耶鲁及普林斯顿求学，后执律师业。在开始执业时几乎无人问津，但是天假之缘，他却娶得了东温泽尔的一位巨绅威廉·伍尔科特的小姐。他的传记作者把他写成为一位有志、坚毅而毫无幻想的人物，他不久便在本州的律师界中成为有财有势的人物。布朗说：

“这是可疑的，在康涅狄格州律师界的历史上是否曾有一个律师在如此短促的时期里获致如此成就。……就业务或收入来说，这都是旷代空前的。由于生性的俭节与不事挥霍，他不久就获得一笔资产，再由于妥善的安排，他的资产增值了，它的数额在当时当地可说十分庞大。根据现存的一些文献，他曾是一位资本家和投资家。他购买地产，贷放金钱。他是哈德福德银行的股东之一，并且也是老哈德福德制呢厂(1788 年)的发起人之一。”

由于生性节约，埃尔斯沃斯存储了相当数量的公债。新政府的成立与公债的上涨，他曾获利不少。他是康涅狄格第一批以债券兑换新政府证券的人士之一。1791 年 12 月，在他的户下列上延期六厘公债一千三百三十美元五十美分，保证六厘公债两千六百六十美元九十八美分，三厘公债一千九百九十五美元七十五美分。他的妻子艾比盖尔和她娘家伍尔科特的几位族人，也都曾投资于公债。

威廉·费尤，佐治亚人。就出身和教育来说，在制宪会议代表中，他算是一个特殊的人物，代表小农阶级。他的父亲原为马里兰州的一个农民，频遭荒歉，乃迁至南卡罗来纳。年轻的费尤便在这里从事耕作。老费尤依然无法起家，而且还负债累累，于是小费尤乃继掌他的产业。1776 年，费尤移居佐治亚州，旋即参加政治和革命战争。

在战争结束时，他说：“我没有多少财产，我不敢希望不靠自己的劳作。因而我决定执行律师业务，虽然我从未花过一小时的时间在律师的事务所学习操业，也不知道如何执行。”然而，他说他的业务居然发展了，而且在他当选为会议代表之际，他的“经济前途甚为乐观”。他在哥伦比亚县拥有一所农场;于1793年参议员任期届满之后,他便退居到那里,致力于农业。1799年,他自佐治亚移居纽约,料理他的小量的不动产和动产,据他自己的估计,他的财产约达十万美元。

费尤在新政府中的利益可能很小。由于财政部所存的佐治亚州的文献业已全部消失,我们无从加以详叙。他参加佐治亚联合公司,该公司是经营亚祖流域的土地买卖的。他曾以1779年发行的一张票面价值二千一百七十美元的证券申请登记,该证券是他从一姓斯皮尔的得来的。他的名字偶见于其他的簿籍上,但数额都很微细。财政部登记处的索引把他列为证券持有人,但所指的簿籍业已无存。

托马斯·菲茨西蒙斯,宾夕法尼亚人,与本市商界甚有关系。他被看作“一个广阔的商人”,他的亲戚都是商界的人物。他娶了罗伯特·米德的女儿,和他的内兄——费城的出色商人和航商——合伙经营。据载,“他在当地尤其在商业的声望无出其右。……菲茨西蒙斯先生为奠定美国商业和金融制度基础的能人之一”。这是不足为奇的,他也是一个“极力主张保护关税的人士”。

菲茨西蒙斯先生和他的费城的同伙一样,同时从事商业和金融的活动。他曾“久任南美银行的董事并且终身担任南美保险公司的总经理”。他放手参加罗伯特·莫里斯的投机事业,莫里斯的失败使他大受损失。

他的金融知识与社会关系无疑地使他从事公债的买卖。麦可莱把他列为投机者,他说:“议长今天告诉我,菲茨西蒙斯先生和莫利斯先生都参加了这项(投机)事业,他们的离开(国会)有两个目的，一以经营投机，一以避免嫌疑。”麦可莱的说法可能是正确的，因为1791年菲茨西蒙斯的代理人迈克尔·康纳曾代他登记若干1778年的证券，票面价值总共在一万二千美元左右，这显然是他从前收购的。在其他文献上，还发现他拥有小额六厘和三厘公债；他的活动延伸到本州以外。

菲茨西蒙斯还参加莫利斯的土地投机活动。莫利斯在1795年8月9日致欧洲代理人詹姆斯·马歇尔的一封信里，曾说菲茨西蒙斯和他自己准备将“位于佐治亚的三十六万英亩土地”在伦敦出售。但是，如上所述，菲茨西蒙斯和莫利斯勾结，使他损失不赀，把他从公债以及其他方面赚到的一切全部赔光了。

本杰明·富兰克林，宾夕法尼亚人，为一画家、外交家、政治家和哲学家。他除了从事多方面的活动之外，并凭节约与投资致富，约有财产十五万美元。在制宪会议召开时，他的年事已经很高，大家均信他不致从事公债的投资。他逝世于1790年，当时准备金制度尚未实现。不过在他逝世前不久，他就对土地投机发生兴趣。根据他的遗嘱，他曾遗下“俄亥俄附近的若干土地”和佐治亚州赠予他的三千英亩土地。他似乎不曾拥有公债。

尼古拉斯·吉尔曼，新罕布什尔人，从青年时代直到谢世之时，始终担任公职。他于二十一岁时参加军队，革命以后任国会议员及其他职务。他的私人生活以及在制宪会议中的作用，似乎都不足称道。一位法国评论家对他被选为制宪会议成员发表评论说：“这种情况证明这个国家没有大的选择，或者至少最明智、最机灵的人都没有足够的财产使他们可以担任公职。”

在金融方面，吉尔曼无疑是富有才能的。在制宪会议召开之前，他就搜集了相当数量的公债；之后，显然收存更多了。在国会图书馆所存的吉尔曼文件里，有一纸属于吉尔曼的公债券清单，总额为五千四百美元六十七美分，日期为 1786 年 12 月 9 日。这些证券是由吉尔曼收购来的，因为清单上面列出了原持有人的姓名。在上述文件中，存有一纸注明 1787 年 6 月 29 日的收据，该收据证明吉尔曼曾收取一笔公债的利息，是项公债价值为六千六百五十四美元七十九美分。吉尔曼和他的族人曾广泛从事公债的买卖。在新政府财政簿记中有一项登录书明吉尔曼拥有一万一千零二十美元九十五美分的六厘延期公债。此外，他还从事军人证券(即士兵持有的票券，可以低价从需款的持有者手中购得)和公地的买卖。

吉尔曼一方面善于营谋自身的利益，一方面也热望乡人分享一般公债持有人于新政府成立后可能享得的利益。1787 年 9 月 3 日，其时宪法尚未提出，吉尔曼早已看出草拟中的宪法可能影响公债。他在这一天致新罕布什尔州州长的一封信中，劝告乡人收购低价的公债，以备抵解联邦政府的赋税。他说："我知道许多州正在准备收购公债，因而我渴望新罕布什尔的市民及时购进一些公债；现在这里的价格是每镑值二先令六便士。如果他们错过当前的机会，而新政府幸而诞生之后，他们将不得不以现价的六倍或八倍向经纪人、商贩、投机家和奸商收购了。"

埃尔布里奇·格里，马萨诸塞州人，1744 年生于马布尔赫德。他的父亲为一多财隆望的商人。他的传记作者说：他于毕业哈佛后，即"倾心商业，他的父亲的富庶似乎对他有极大的诱惑力；他立即投身于最活跃的商业活动。他的公正、精明以及得自父亲和自身经验的广博的商业知识,使他获致巨富。在年少初出经商之时,他便拥有相当的财产,并且在马布尔赫德占有高尚的地位”。

作为一个商人,格里深切了解商业上的需要,深知举国抵抗英国歧视的必要。1784 年 4 月,他向国会提出报告,呼吁注意英国已在西印度群岛实施摧残美国商业的条例,而这种歧视的措施正在形成一种制度。他说:“除非由国会授予合众国以保护商业的各种权力,他们绝难获得商业上的互惠利益,没有这些权力,对外贸易必趋衰落,终至一蹶不振。”西印度贸易仅对新英格兰具有影响,而格里却如此夸大地方的利益,要求实现一种全国性的商业保护制度。

格里除了从事商业之外,还参与金融活动。在制宪会议上,他力主在宪法上加进一句,即对新政府不但应授予权力,而且应课以义务,以完全清偿公债持有人的债款。根据麦迪逊的记录,“格里先生认为仅授予权力而不课以义务,无异摧毁合众国公债持有人现在享有的保证。他畅论这一班公民的功勋与现政府的威信”。迨后在会议上,梅森上校反对如实偿还债务,格里又提出异议。他说:“这个问题同他并无利害关系,因为他所持有的公债,其利息仅足以缴纳他的租税。然而他认为公家既已接受过票面的价值,他们就必须偿还人家那些价值。对于士兵的欺诈务须预防。这些贫苦无知的人民不得不放弃他们的证券。其他债权人宁愿放弃别的东西,而不愿被骗走看涨的资产……如果无害社会的信义(这是否无害,他并不明白),他并不反对修正债务规定,强制证券归还被欺诈的贫苦无知的人民。至于经营公债的商人,他看不出有什么理由去谴责他们。他们维持了公债的价值。如果没有他们,那就不会有市场了。”

格里在这里告诉他的同僚，他是公债持有人，但是他低估了他所持有的数额，否则他所缴纳的税款一定很高，因为马萨诸塞州公债办事处的簿籍书明，他所持有的按照国会1784年4月28日法案发行的证券，其利息为每年三千五百美元，这个数目即在货币贬值之时，也足以支付相当庞大财产的税款。由于财政部文献的残缺，我们无从确计格里持有的公债，但为数一定很大，这可以从下列的项目中推断出来：马萨诸塞州公债办事处的清偿公债簿上，在他的名下列有一万四千二百六十六美元八十九美分；宾夕法尼亚州公债办事处的簿籍上，载他持有1790年的六厘及三厘公债，价值达二千六百四十八美元五十美分；宾夕法尼亚州的总账上，1790年8月24日项下载他持有三厘公债，价值四百零九美元五十美分；他曾于1791年8月24日以价值三千五百零四镑八先令十便士的旧证券，向马萨诸塞州公债办事处兑换联邦证券。这中间当然可能是重复的，然而格里在制宪会议举行前一年从邦联公债上获得的利息为数约三千五百美元，那是不容怀疑的。再者，格里曾经以投机为目的收购了大批的公债，也是不容怀疑的，因为他所持有的证券大都不是原来持有的。他之所以同情公债经纪人绝不是仅仅基于理论而已！然而，这里必须提请注意：尽管格里在公债上有重大的利益关系，但是为了其他的一些理由，他却坚决反对批准宪法。

格里在毕生担任公职期间，似乎把公务关系和私人的经济事业弄得混淆不清了。在立宪以前，他担任国会议员，当时他注意公有土地。1785年3月1日，蒂莫西·皮克林——当时主要的土地投机家之一——曾致函格里说："阁下前曾表示愿意委托我们收买阿勒格尼山另一面的土地，我们认为阁下倘能赐告国会对于俄亥俄迤西土地究将采取如何措施，则对于阁下和我们均甚有利。……假使国会准许冒险者从事竞购，我们必须征求若干可靠企业人手，深入当地，定居该处……如果他们必须竞购，我们和他人则享有平等权利，而上陈所欲获悉之消息尤属重要。敬候履示并颂财绥。"

格里当时为国会议员，那时国会正在讨论西部的土地问题。如果这一家土地公司能够获得内幕消息，那么对于参加西部土地投机的格里先生和皮克林先生的经纪人都是有利的。

格里无疑参加了西部的投资，因为他是俄亥俄公司——马斯金格姆河流域土地的主人——的股东。

纳撒内尔·戈勒姆，马萨诸塞州人，生于查尔斯顿，是当地的一个成功的商人，在当地据有显赫的政治地位，曾任该州议员及州制宪会议代表。

除了从事商业及政治活动以外，戈勒姆还经营大规模的土地投机。1786 年，马萨诸塞州与纽约州妥协的结果，获得西部的一大片土地；并于 1788 年 4 月"将这些土地全部售与查尔斯顿市的纳撒内尔·戈勒姆和格兰维尔的奥利弗·费尔普斯，地价为一百万美元，以当时廉价的马萨诸塞州证券即所谓统一公债支付，分期三年。……在费尔普斯和戈勒姆的背后有一个辛迪卡组织，其中成员都想在这片土地上投机，但为避免竞争起见，乃联合一起，推选他们两人出面"。

参加这项策划的有罗伯特·莫里斯以及其他名流。但是他们并没有完全实现他们的计划，因为立宪之后马里兰州证券上涨，他们遂无力履践他们原来的契约。结果他们只能受领原来购得的土地的一部分。

这一次投机的不尽如意使戈勒姆在1796年逝世之时未能遗下巨产。他似乎未曾同那些共营州证券买卖的伙伴从事大陆证券的投机；虽然他无疑的拥有一些公债，因为他的遗嘱写明他执有二十股合众国银行的股票。因而我们可以推想，在合众国银行成立时，戈勒姆一定拥有一些大陆证券，虽然他也可能以投资的方式购得这些股票。从他死后的纠葛情形看来，后一结论最少是难以相信的。

现在我们要说到新制度的巨灵亚历山大·汉密尔顿了。不错，他对于宪法的制定贡献无多，但是使宪法成为一种以当时的有力的利益集团为基础的真正的工具，却得归功于他的组织能力。他最能理解各社会集团的特性，使他们结集在新政府里面，借使政府无须各州的支援，并为联邦制度奠立一个坚固的基础。他看出了政治不是基于抽象的原则。他知道宪法的作用在于达到一定的目标，在执行中影响某些固定的财产集团的社会权利。他看出了这些利益集团原来是分散的，他努力使他们团结起来，把他们吸引到联邦政府中去。

他首先看到最容易团结的一个庞大集团是债权者、金融家、银行家和贷款者所构成的集团。他们集中在城市里面，从而易于集合一起。他知道，使他们的利益与新政府的利益一致起来，则新政府必获安全；他们不会颠覆自己载身的舟楫，有人谴责汉密尔顿始终倾向于金融利益集团，不计公众的利益；但是大家必须记住，在新制度建立之初，公众尚不足作为一种依靠，而金融家不会愿意牺牲他们的所得换取一种抽象的东西。有人谴责他们关顾公众的利益，以最有利的条件收回政府债券；但是为要做到这一点，势必损害那些金融家的利益，而政府的维持却有赖于这些金融家的支持。

汉密尔顿认为可以团结起来的第二个集团就是商人和制造业集团，他们需要保护关税。如果他不曾看到在宪法成立以前的那些年间风起云涌的要求保护运动，那他便是一个瞎子了。然而，他并不是瞎子。他的第一次关于制造业的报告，说明了他深切了解这个集团的利益是建立在保护制度上面的。保护税制是否有利于全体人民，这里无须加以论究。汉密尔顿关心的是那些直接的受惠者；他们都是拥护新政府的人物。汉密尔顿力求了解各地——从新罕布什尔到佐治亚——要求保护的各个利益集团的特质；他的努力可以从未经发表的他同各商业中心的商人们的通信中得到证明。

汉密尔顿团结的第三个集团是土地投机家和垦殖者，这个集团包括了当时所有显赫人物，如：华盛顿、富兰克林、莫利斯、威尔逊、布朗特以及其他名流。这一项土地买卖直接和公债相关，因为大部分的土地都是以购自士兵的土地券和以低价购自市场的证券购买下来的。汉密尔顿明白这个利益集团与新政府的关系，他的公有土地政策就是要博得这种人物对于新政府的支持。

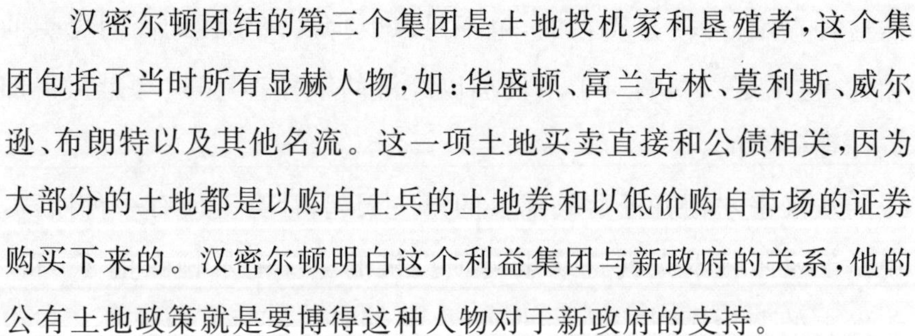

没有这些美洲社会中的有力分子的积极支持与和衷共济，新政府是无从建立起来或无法维持下去的。汉密尔顿独具慧眼，认识了这一个关键。他并不图掩饰这个，不管他曾犯了多大的错误，他总没有重犯欺骗人民大众的罪行。不错，在私人往来中，他往往表示轻蔑平民政治，而在他的公开文字上却从未曾发表过这种论调；但是他的公开文字总是坦白地说明他的政策，并且指示他为什么认为这些政策是加强政府力量和稳定所必不可少的措施。

成千成万的小农、债务人和工人都反对他的政策，但是他们没有组织也没有一致的利害意识，从而他们在新政府的议会里面并无力量。他们一部分被现存的法律剥夺了公民权，同时他们也没有值得一提的领袖。为他们的利益而奋斗，这在当时尚不是获取权力和光荣的路数。要有杰斐逊的灵活领导，并在他的指导下建立了一个联合机构，这些庞杂的小利益集团才能够团结起来，以抵抗联邦派。

但是在汉密尔顿任职期间，这些较小的利益集团的代表们就已开始攻击他的政策，认为损害公共的利益，也就是他们自身的利益。从这攻击中产生了一种谴责，认为汉密尔顿的加惠一般公债债权人和金融家的各种措施，也就是为了增殖他的个人财产。虽然这种责难，即使是实在的，也不足以贬抑汉密尔顿的高明思想的伟大，也不足以影响对于当代加以经济的解释，但是这却是值得加以详细研究的。

从汉密尔顿就任财政部长的第一天起，社会上便有一种谣言，说是汉密尔顿本人就是从事公债投机的。汉密尔顿在他于1799年发表的题为《雷诺兹》的小册里，曾说明对他的这种责难："仅仅因为我主张公债必须依照原来的契约偿还，我曾备受诟责，以为我无端增加国家的几百万美元的负担，借以增益我个人和朋友的公债投机的利益。"汉密尔顿的最狠的敌人也都承认：为要在一个坚实基础上建立新的国家制度，必须取得金融利益集团的支持；为要取得他们的支持，这一笔沉重的负担也是必不可少的；但是这并不能阻止他们攻击财政部长从事私人投机。

现在我们只要考虑这些事实，并且根据现存的文献予以公平的叙述。1793年，汉密尔顿曾被检举为违反法律，认为有亏空公款嫌疑。众议院对于这项检举极为重视，特指定一委员会调查财政部的行为，尤其关于汉密尔顿曾利用公款，“以借贷、折扣等方式”，便利自己及其友人。

调查的结果是：委员会根据有关的公私银行的职员们的宣誓证明，辩明部长无罪。汉密尔顿引证了该委员会的报告中认为他“完全无辜的证据”。但是这次调查并不能掩盖汉密尔顿曾与证券经纪人之流从事证券的买卖。这种往来的证据不会见于该委员会所搜集的公私文件上。由于他和所有从事公债买卖的巨头们的密切业务关系，由于他可以在纽约和费城会见他们，他对于这项交易无须留下任何文字的痕迹。不过由于国会对他尚有更大的检举，我们不妨认为这个报告是完全无罪的辩明。

对汉密尔顿的直接的指控是在1797年首次以郑重的方式提出的，当时臭名昭著的小册子作者卡伦德曾在他的《1796年的美国历史》中发表了一系列文件，旨在说明在1791年和1792年间，汉密尔顿曾与詹姆斯·雷诺兹和杜尔先生经营投机冒险。这次指控不在于说他利用职权，以便利自己的朋友和阶级，而是说他购买公债，破坏自己的神圣职责。情形是这样的：1792年，一位克林曼先生，当时因欺诈政府罪入狱，与议长米伦伯格通信，暗示一个同狱叫雷诺兹曾与汉密尔顿共同从事债券活动，并且握有可以构成该案事实的证据。米伦伯格告诉门罗及维纳布尔，他们三人从雷诺兹和他的妻子那里听取了对这位财政部长的指控。

米伦伯格、维纳布尔和门罗于听取这些严重的指控之后，便邀请汉密尔顿同他们对质。汉密尔顿说明关于投机活动的指控全部是虚构的，而他和雷诺兹的关系则出于他与雷诺兹夫人的不正当的关系。三个调查人接受了这种解释，虽然门罗还继续进行调查，后来他发现了另外的罪状。本案文件经汉密尔顿和三位调查人同意，保守秘密，不予发表。后来联邦主义者对门罗大加辱骂，门罗愤怒之下，把这些文献发表出来，因此举国哗然。汉密尔顿立即写了一本小册子加以答辩，否认与雷诺兹有任何特殊的金融上的关系，并且痛述他和雷诺兹夫人的关系经过。

考虑过本案的全部内外证据，详细分析过与该案有关的文件之后，对本案的决定显然将取决于如何答复下述这个问题："汉密尔顿关于投机问题的证词是否比一个显然的无赖和他的妻子的证词更有分量？"法克斯先生在一本关于该案的近著里，企图以内证罗织汉密尔顿，而且公然作了定谳。但是我们研究法克斯先生的陈述书之后，却发现他弄错几个关键的日期。结果，这一桩特殊案件终于回复到一百多年以前的原来样子。公平的人士都将倾向于否认在雷诺兹案件中所加于汉密尔顿的罪状。

汉密尔顿曾以私人持有的公债获致钱财，这在任何确实的证件上都不能得到证明。他的确拥有小额的公债，因为他在 1792 年 6 月 26 日致威廉·塞顿的一封书信中说："我在公债方面的财产全部只有三厘公债约八百美元。如果我不是不愿给人以造谣中伤的口实，我早已把它出卖了。"即使这是在 1790 年 8 月法案实施之后得到的，并且加上有准备的和延期的六厘公债，为数亦必甚微。

说汉密尔顿曾经拥有相当数量的公债，似乎是极不可能的，因为他始终不是一个富翁，而死后也只留下一笔小额的财产。虽然他生活很好，而且在部长的薪俸之外还有大笔的收入，但是他作为名律师，他的收入很可能来自律师的收入。如果他愿意在私人企业上发挥自己的卓越才能，那么在他的生时，他可以成为当时的富翁之一。虽然这样，但是问题还在于汉密尔顿在财政部长任内是否参与证券活动？

汉密尔顿的辩护者对于这问题将摘引汉密尔顿在 1789 年给予亨利·李的有名的答复。亨利·李曾征询汉密尔顿关于公债可能上涨的意见，他的答复是："我相信你的诚意，你说你不致使我陷于不义，然而我可不知道是否有人会答复你的问题；不过你得记住关于恺撒的女人的传说。我以为这种精神可以应用于每一个同管理国家金融有关的人员。对于这些人员的行为，到处窥伺着怀疑的锐眼，毫无用意的举动也可以遭人误解。"

但是，在另一方面，当时的参议员麦克莱却有一些直接的资料，证明汉密尔顿曾参加公债活动。在 1790 年 2 月 1 日的参议院记录中他说："如果我需要证据证明汉密尔顿的卑鄙，我就有很充分的证据。他的价格抄本一直传到费城。托马斯·威林在致众议院议长的一封书信中对于汉密尔顿的计划备至颂扬之后写道，'因为我曾在抄本上见到他的全部价格'，这曾被利用为我国仅见的最无耻的投机组织的基础。"麦克莱在这里所说的无疑是指汉密尔顿曾于 1790 年 1 月 9 日向国会提出关于公债的第一次报告之前，便将十足清偿公债的计划告诉了费城的一位重要金融家——罗伯特·莫利斯的一个同伙、同时也是一个公债商人。麦克莱的指责可靠到何等程度，研究历史的人们各有不同的意见，而公正的学者则尚须另寻证据。

汉密尔顿的亲友绝对不相信麦克莱的意见，坚决否认他曾与任何人共营任何方式的公债投机。汉密尔顿的儿子在自己的《回忆录》中写道："汉密尔顿曾请求他的岳父斯凯勒将军禁止他的儿子从事公债投机，否则别人将认为他们的投机是由于汉密尔顿提供的消息，或者有汉密尔顿的份儿。斯凯勒于是禁止任何投机的；我的舅舅范·伦塞勒·斯凯勒告诉我这件事情，并且埋怨说，要不是受到禁止，他可以发一笔大财。"

但是，这位将军显然不认为这项禁止可以拘束汉密尔顿本人，因为根据记载，他算是纽约的一个公债的巨商。他的广泛的金融活动可以在财政部的旧公债簿籍上得到证明；在那上面，在他的户下于 1791 年的 3 月、8 月和 11 月，分别列入如下的金额：二万三千一百八十九美元二十一美分；一万五千五百九十四美元六十一美分；八千零三十六美元五十美分；二万零六百八十九美元二十一美分。

汉密尔顿也没有禁止他的妹夫邱奇从事公债买卖。在汉密尔顿担任财政部长期间，邱奇拥有巨额的公债。有一项登录列他拥有二万八千一百八十七美元九十一美分。而且在任财政部长时，他还通过他的经纪人——在费城的汤姆斯·威林和在纽约的威廉·塞顿——替他的妹夫从事买卖。在国会图书馆所存的汉密尔顿的遗稿中间保存着一封汤姆斯·威林的书信，日期为 1790 年 2 月 24 日，收信人为汉密尔顿，信中说明威林受了汉密尔顿的委托，准备替邱奇抛出一些证券。

此后，汉密尔顿便频与纽约银行的威廉·塞顿通信，委托他代理邱奇购买纽约银行的股票。1793年11月21日，塞顿曾复函说明，由于银行股票的高涨，他还不能为邱奇先生买到该行股票。五月以后，塞顿再致汉密尔顿一信，表示可以在一两天之内，“照你的限度”，替邱奇先生买到股票；并且表示“如果续奉尊示，鄙人殊厌于出入市场”。以后还有许多信札，说明塞顿各次得手的购进。

汉密尔顿还替他的妹夫经营公有土地的投机；在汉密尔顿遗稿里面存有一封威廉·亨得森给他的书信，日期为1792年8月24日，中间提出购买大批土地的事情(四万五千英亩)。似乎汉密尔顿、邱奇和斯凯勒都曾参加这一次的买卖，而邱奇则是一个主角。

汉密尔顿个人也曾参加西部土地的经营，他拥有五股俄亥俄公司——马斯金格姆河流域土地的所有者——的股票。虽然这个公司成立于宪法制定之前，但在汉密尔顿出任财政部长时，他却被要求批准一项请求，承认该公司对几千英亩土地的占有。他对于这事情颇感微妙，他在1792年5月9日致华盛顿的一封信里表示：他甚感不安，他依法不得不取决一件公案，而在该案里他却也是受惠的一人，并且说明他曾将该案交付财政部会计人员照检察长的意见办理。

虽然汉密尔顿在财政部长任内对于批准自己的土地申请大感犹豫，但他偶尔把公债和银行股票的可能价格告诉亲友，他却不以为这是滥用自己的职权。

关于上述和威林的通信，我们只有麦克莱的说明。如果麦克莱的说明属实，汉密尔顿就曾把至关重要的官方秘密泄露给一个金融家，而这位金融家，不论他如何正直，势必获得便利，而且他本来就从事公债的买卖，同时还受了汉密尔顿的委托代理他的妹夫进行买卖。如果我们记得麦克莱的日志原是私人的记述，不想发表，直到里面提到的人物全部去世之后，才公布于世，那么我们便不能不对他的直率的叙述表示某些信赖，虽然他是联邦派领袖们的一个死敌。但是我们却不必责备汉密尔顿有任何不当的动机。如果有人认为财政部长实施财政上的重要改革，可以无须同当时的金融界巨子进行商榷，那么他们对于财务行政便仅有一点初步的知识了。

作为一个部长，他往往觉得必须平息谣言。这可见于他在1791年8月17日致鲁弗斯·金的一封信里。在这封信里，他提出他已经表示自己对于市价的意见，借以压抑股票市场上股票价格的不正当的上涨，最后将那天价格的一个标准给了金，他说："我把我的标准给你，以便你在必要时可用来反击那些认为我压低公债没有标准的流言。"

这封信显然是由于金的1791年8月15日来信引起的。金在来信里劝告汉密尔顿不要发表任何足以影响市价的文告；并且告诉汉密尔顿说，他的意见已被用于压低股票价格的艰苦尝试。金同时说到杜尔企图提高市价，业已受到打击。但是金的意见是，"他的行为是正确的，一如任何一个的买者和卖者"。金并不赞许一般人民对于金融的幻想，因为他告诉汉密尔顿，"银行证券的跌落可能产生某些良好的后果；它可以阻止我们的劳苦公民过问公债，并且教育他们各安自己的本分"。

汉密尔顿在给金复信的同一天，因为金在来信中将杜尔的危险告诉了他，所以也写了一封信寄给杜尔。他警告杜尔不要高抬市价,并且重申从前的告诫。他说:“我愿意坦白承认,我万分替你担心——为了你的钱袋,也为了你的声誉;为了这两种理由,我以最诚挚的态度写了这封信。我的朋友,你是冒昧的。你应该自己明白并且谨防个人习性……对于银行股票的实际价值,你我的意见相差并不太远。我的叫价当在一百九十左右,这是最高的限度,但希望将来会有好景;我也诚恳地愿望你能维持到你所说的程度。”这封书信并没有超出友谊的劝告之外,虽然汉密尔顿的敌人也可以认为不当,说他把自己的行情告诉一个沉溺于投机的人物。

不过这里也有一种证据可以合理地解释汉密尔顿可能利用自己的职权支持杜尔。杜尔在惨败之后,曾来函有所请求;它的内容怎样,洛奇先生未曾加以说明。汉密尔顿在复信中说:“你的 11 日来信今天收到了。我深感无从为力,尤以为时太晚无从挽救,伍尔科特先生的指示已于昨天发出了。”伍尔科特在财政部是汉密尔顿的下属;显然,他曾发出几件与杜尔的财产有关的指示。伍尔科特是财政部的会计检查官,根据 1789 年 9 月 2 日的法案,他的职务是“受领全部公家账目予以审核之后证明收支无误,并将账目连同单据及证明文件转呈审核官,听候裁定”。汉密尔顿同杜尔的这一关系是唯一可以作为汉密尔顿可能有假公济私行为的证据。实际的情形究竟怎样,迄未明了,而计划却未曾在当时见诸实行。

这里的结论是:汉密尔顿在 1787 年至多不过拥有小额的公债,这可能还是在新制度实行以后涨价的;他的确占有一些西部的土地;但是他并不斤斤于私人财产的增值。他死时并无遗资,这是一件充分的证明。因而我们必须承认,在制宪时期他为政府的伟大政策所支配，而并非一般人所责难的私人利益，但是根据本书所提的新的证据，显而易见，支配他的政治原则的并不是抽象的政治科学。他首先了解构成政府的因素。

威廉·C.休斯顿，新泽西人，在制宪会议上并不是一个重要的角色，他的经济利益不甚了然。他是普林斯顿大学的毕业生，曾任数学及自然哲学教授。他曾在特伦顿开业做律师；从 1784 年直至逝世，他始终在本州最高法院里担任书记。他由于健康不佳而不能参加会议的各次集会。查遍财政部所存的新泽西公债办事处卷帙，未能发现休斯顿曾拥有任何公债；但是新泽西的文献并不完整，同时休斯顿死于 1788 年，这也可以使他列名于新政府的财政文卷上面。有一个威廉·休斯顿的名字，见于纽约州的簿籍上面，其下载明拥有小额的延期六厘公债。但是休斯顿虽然有一个儿子使用这个名字，我们却无法证明他的这位儿子就是那个公债持有人。

但是，休斯顿很有可能参加了西部土地的投机，因为他的传记作者说，他“曾与他人共同为约翰·菲奇——汽船发明家——钻营勘查官的职位。同英国签订和约之后，国会曾辩论如何处置俄亥俄的西北的土地。大家认为这些土地可以出卖，借以清理邦联的负债。菲奇是一个土地经纪人，他建议可以预先进行丈量，以便土地办事处一旦成立时，即可凭土地证券领取土地。他毫无困难地组织了一个公司，从事这一项经营。这个公司包括了约翰·尤因、纳撒内尔·欧文牧师和威廉·休斯顿……这些绅士们每人拿出二十镑，作为本金，以供开支”。这一项投机究竟弄得怎样，休斯顿是否曾经过这个公司获致了土地，作者都未曾加以说明。他是邦联时期的国会议员，毫无疑问他是知道在西部是有利可图的。

威廉·豪斯顿，佐治亚人，参加过制宪会议的某些会议，但并不重要。他是佐治亚政府的一位皇家军官的儿子，在英国入学，并曾在内殿法学院研习法律。他的会议同僚皮尔斯写道："豪斯顿是一位辩护士，代表佐治亚州出席会议。他出身高门，曾在英国求学。关于他的法律和政治知识，他从未自负。"这些零星的传记无法证明他的经济利益；同时，财政部所有的佐治亚州公债办事处的文卷残缺不全，也不能证明他是否从公债的涨价方面获得好处。有一个索引曾列上豪斯顿的名字，但是所指的文卷（第26卷第44页）业已散失，而且这个公债持有人是否就是这位会议的代表，也不能加以断定。

贾雷德·英格索尔，宾夕法尼亚人，为康涅狄格州贾雷德·英格索尔——有时作为该殖民地代表留驻英国，后任宾夕法尼亚州的海军军法官——的儿子。他毕业于耶鲁大学，并且曾在中殿法学院学习。在费城的律师界，他"很快上升到一流地位。他的业务超出其他的律师。在所有的重要争端中，都要引用他的意见，他承办了每一件大案"。英格索尔颇有财产，但他似乎不曾参与他在制宪会议中的挚友们所注意的公债的投机。他的名字不曾见于宾夕法尼亚州公债办事处的簿籍上面。如果他拥有一些公债，他一定和财政部直接往来，因为当时他就居住在费城，是费城的一个公债经纪人查尔斯·皮蒂的女婿。

圣托马斯的丹尼尔·詹尼弗，马里兰人。据皮尔斯的记载，他是本州的"一个富绅"。他是农业家，也是一个奴隶主。依据1790年的调查，他在一所交由别人管理的农场上拥有二十名奴隶；但是在他自己管理的农场上的奴隶数目，却没有记载。在新政府成立时，他可能也拥有小额的公债。他死于 1790 年年底，但是他的儿子的名字却见于公债办事处的簿籍上面，于 1790 年 12 月拥有将近六千美元的公债，于翌年卖掉。

威廉·塞缪尔·约翰逊，康涅狄格人，他的父亲塞缪尔·约翰逊为康涅狄格州斯特拉特福县的一个牧师，颇有资财。他毕业于耶鲁大学，执业律师。他拒绝赞助革命事业，因为他不“忍”拿起武器反对英国，他引退到战争结束之后。美国独立后，他又恢复了从前的社会地位。据他的传记作者说，他在“他的本行里占了最高的地位，成为著名的辩护士，承办的案件很多，他的委托人遍于纽约和康涅狄格州各地”。此外，他还娶了斯特拉特福县的一位“富绅”的女儿。

约翰逊是宪法成立后第一届参议院议员，也是被杰斐逊列为“经营公债”的人物之一。他很可能没有将自己的金钱用来承购最初发行的公债以支持革命事业。他的名字也不见于财政部的大户公债持有人的簿籍上面。但是我们有很多理由相信他的经营是假手于他的儿子罗伯特·查尔斯·约翰逊的。他的儿子在新政府成立后，就开始在纽约和康涅狄格州从事大规模的投机；有两项登账说明了一笔债款是通过这位儿子而归于他的名下的。在公债办事处簿籍上的 1791 年 12 月 13 日项下，载明罗伯特·查尔斯·约翰逊，斯特拉特福人，绅士，拥有将近五万美元的六厘和三厘公债。康涅狄格州公债办事处的收据证实了这件事实。纽约公债办事处也证明了约翰逊的名下拥有巨额的公债。

鲁弗斯·金，马萨诸塞州人，1755 年 3 月 24 日生于缅因州的斯卡巴勒——当时属于马萨诸塞州。他的父亲于1740年“从事商业并代理波士顿的巨商索顿为他采购、囤积大批木材，获利甚厚”。定居斯卡巴勒之后，他的父亲“兼营农商两业，非常成功，拥有农场数处，占地凡三千英亩，为缅因州的最大木材出口商”。鲁弗斯·金在哈佛求学。1775年他的父亲逝世时曾留下巨产，分给儿子。鲁弗斯·金的妻子是艾尔索普。她的父亲最初也同情反英运动，但是“对于纽约会议通过《独立宣言》表示反对，并且不愿关闭对英国妥协的大门”——他退居于康涅狄格州的密德尔城，直至战事结束以后他才回到纽约，重理旧业，并任商会会长。根据金的自述，他的妻子“是本市（纽约）极负隆望的商人约翰·艾尔索普的独女。艾尔索普先生于1775年停止营业，拥有一宗大为可观的财产”。所以金拥有庞大的商业和其他产业的利益；这些产业都由别人代为经营，所以他才能以大部分的时间致力于政治活动。

但是他并没有忽视个人的经济事业。罗伯特和莫里斯于1788年企图集合若干美国人士，准备购买美国借自法国的外债（或者一部分）。沃兹沃斯、诺克斯将军、奥斯古德和杜尔上校都参加了这项计划。开始时，他们准备派遣莫里斯出任驻荷兰公使，以推动这项计划；后来他却指派了金。金对于这个提议的答复说：“我告诉过杜尔上校，我并不拒绝出使外国的任命——这是我对国家应负的一种光荣职务；如果在无损这个职务的义务和尊严的范围内，我可以增进友好的利益，那么我将深感自慰。但是我希望大家不以为我在今天曾提供任何诺言，杰伊先生和汉密尔顿上校的意见对我是有影响的。在我采取任何决定之前，我必须征询他们的意见。”

无论金是否参加这项密谋，而在新政府成立后，他曾拥有相当数量的政府证券，这是有案可据的。他的一部分财产可能在公债发行时就用来应募了一宗公债，虽然在财政部的初期的公债簿籍上却找不到这些证据。杰斐逊把金列为银行股票和公债的持有人之一；杰斐逊是对的。金是第一届合众国银行的董事。他也拥有巨额的公债——在一处的登录上，便载明了他持有价值一万美元的公债，金认为投机可以增长经验，并且希望投机的失败可以教育一般勤奋的公民“安于本分”。

约翰·兰登，新罕布什尔人，1740 年生于朴次茅斯附近的农家，“在丹尼尔·林奇的会计事务所学习商业，之后从事海上生涯，但为革命所中断”。不过在战争爆发之前，他一定已经致富，因为当提康德罗加陷落的消息传到埃克塞特时，他在议会中（当时他担任议长）说道：“我有一千美元现钞；我要把我的金银器皿抵押三千美元以上。我有七十桶托巴哥酒，我愿以最高价出售。全部献给国家，如果我们胜利了……我愿意得到报酬；如果我们失败了，那么财产于我将是毫无价值的。”

战争结束后，兰登的各项工商企业得庆新生，有许多事实证明他百事如意。一个法国人在关于 1788 年的国会情况致外交部的报告中，说兰登是一个富翁，从事商业活动。

约翰·兰登—埃尔温——约翰·兰登的孙子——保存有这位老兰登的珍贵遗作。约在十九世纪初期，他曾写下一本小册子纪念他的祖父。这位作者“在他的祖父逝世时，年长十九岁。因为他是兰登家族的一个亲属，这位对于人和事的旁观者所作的小册子乃具有特殊的意义”。这位作者分析说，约翰·兰登得意的时候变成了一个爱钱的人物，乐于积储，他知道如何赚钱和如何存钱，而且不嫉妒别人的同样做法。

兰登积极参加新政府的金融活动，这是有许多证据的。据上述关于他的孙子的记载，“他赞成成立这一家银行（第一个合众国银行），而且我们认为他是一个重要的发起股东之一。……我们相信他曾参加北美银行——第一家真正的国家银行。他是罗伯特·莫利斯的挚友”。

麦克莱对于兰登孙子的叙述还有所补充。在任参议员时期，他住在纽约一个哈泽德先生的家里，从事收购政府公债券。这种债券原为“当作旧国会的纸币而发行的，可以照票面的价值领息”，但在当时却跌到一美元只值七美分。麦克莱写道：“哈泽德先生告诉我，他曾经营过这项生意；我们不难推想这是为谁经营的。我告诉他说，‘当时你算是知道内幕消息的少数幸运者之一。’他显得忸怩，于是他不再告诉我更多看来他不想告诉我的消息。”

新罕布什尔州公债办事处的簿籍载明，兰登是新政府的一个大债权人。不错，他原是一个踊跃的公债应募者之一，这些应募者于战事爆发时，曾以他们的财产作为孤注。在新罕布什尔州的总账上，有一项登录载明他持有六厘及三厘公债，价值在二万五千美元以上；此外尚有多处的登录。他的兄弟伍德伯里·兰登也是公债持有人之一。

有如他的同僚吉尔曼一样，兰登爱护本州，处处为本州打算，他认为在证券上投机可以使本州获得利益。他于 1791 年 1 月 7 日致书新罕布什尔州州长，告诉他国家银行法案行将通过，并劝告本州利用大陆证券和现金购买新银行的股票。他说这些股票“毫无疑问地可以随时按票面的价值出卖，换回现款；……而且很有可能不久就要超过票面的价值，所以本州不致有遭受损失的危险”。

约翰·兰辛，纽约人，为阿尔巴尼市律师，并任该市市长。皮尔斯在他的《会议散记》里关于兰辛作了如下的记载：“据说他的法律知识并不渊博，他所受的教育也不好。但是，他是一位伶俐的人物，态度坦白，对人诚恳。”兰辛是坚决反对宪法的一人，早就退出了制宪会议。但是，他在会议里逗留的时间足以使他知道一个强有力的政府将会对大陆公债发生影响（这并不是一件深奥的秘密）。1791 年 1 月，新的财政制度刚刚建立之后，他便以旧证券向纽约公债办事处换取了七千美元以上的公债。住在阿尔巴尼的兰辛家族的所有男女，似乎都乘机发了一笔财。

威廉·利文斯通，新泽西人，为纽约的大财阀利文斯通家族的一员。他毕业于耶鲁大学，于 1745 年与弗伦奇女士结婚，“她的父亲是新泽西的大地主”。他于 1748 年执业律师，“不久即在法学界崭露头角，当时纽约和新泽西的重要案件大都经他承办”。他积储了相当的资财，但于 1773 年由于他的债务人的失败，使他损失了一部分财产，而且不得不承受一些贬值的大陆公债。

利文斯通究竟拥有多少邦联的公债，已无从确定，因为他死于 1790 年夏季，当时基金制度尚未建立，因而他的名字未能出现于总账上面。然而，他对于公私事件的看法，和他的卓越的同僚并无不同。这种推测似乎是正确的，因为现在我们知道他的儿子，也是他的继承人，布罗克霍斯特·利文斯通——纽约的一个律师——就是当地最大的公债持有人之一；再看他的多方面的活动及其与李·洛伊和贝阿得的关系，他还可以列为当时的重要投机家之一。

1791年的一项登录载明他拥有七万美元左右的公债；同年的另一项登录，载明他与李·洛伊和贝阿德共同拥有三万美元左右的公债。其后在1792年及1793年，单是他所拥有的六厘公债就超过了十万美元。他的名字还频见于其他各州的簿籍上面。这些公债多少是他的个人所有，多少属于那些不愿出名的他的朋友，现在已经无法确定了。

詹姆斯·麦迪逊，出身于弗吉尼亚的旧地主的家庭，这些地主的财产主要是农场和奴隶，动产较少。麦迪逊的父亲是一个大地主，毕生埋头于经营农业。麦迪逊毕业于普林斯顿大学，并且研习法律，但他并不执行律师业务。他的志趣在于政治，因而他曾长年深研历史、法律和政治经济学。他始终参加政治活动，似乎曾依薪俸及父亲的资助维持生活。他到了1794年才结婚，他的晚婚使他能够致力于政治活动，而不必从事商业或其他经济的活动。他并未持有公债；财政部簿籍所列的詹姆斯·麦迪逊名下的小额公债，似乎是属于他的父亲的。

因为不曾持有公债，后来麦迪逊才对于汉密尔顿的基金制度持比较公允的态度。新政府成立后，政治家和投机家的巧取豪夺使麦迪逊对执政的党派表示痛恶，终于把他赶到反对派的立场上去。他在1791年7月致杰斐逊的一封信里写道："募股（合众银行）的结果不外让一班白昼劫掠之徒获得劫掠的机会而已，那些股票将为那些口袋里业已装满赃物的人们占购一空。……这是非常明白的，国家公债所依赖的一班人物，也就是掌握国家的一流角色，而美国的人民也就是要受他们的统治的。极尽人间羞耻之事，就是那一班最积极推动这项计划的议员，却也公然攫取它的余润。

如果纽约方面股东的力量占了优势，斯凯勒就要被任命为董事长。在这里，大家所谈的毫无新奇的东西。事实上，股票交易淹没了一切。咖啡馆里面充满着赌徒们一直不断的唧唧喳喳声音。”

亚历山大·马丁，北卡罗来纳人，毕业于普林斯顿大学，执律师业务。他曾任该州州长。后来他供职于合众国参议院，支持亚当斯和外侨法与镇压叛乱法；但于1799年竞选失败。马丁是该州的富裕农业家和奴隶主之一；他的兴趣似乎不在于公债买卖，在财政部所存的公债持有人的索引中没有看到他的名字，同时从北卡罗来纳的文献中也没有发现关于他的买卖的记录。

卢瑟·马丁，马里兰人，为英国人的后裔。这些英国人在美洲大部分尚在荒芜的时候便已定居在新泽西州，并且占有大量的赐地。他毕业于普林斯顿大学，执律师业务。因为他是他的父母的九个儿子中间的第三个儿子，而他的父母又处境困窘，所以他很少甚至没有得到父母的帮助，而全凭自己的力量奋斗。他在弗吉尼亚开业，“不久业务便臻于发达，据他告诉我们，他的收入年达一千镑左右；但是过后由于美洲革命引起的社会动乱，这种好景也就消逝了”。

马丁的当事人不乏巨富和隆望的人物，如罗伯特·莫利斯之流，但是他本人却从来没有很多的财产。根据1790年的人口调查，他仅拥有奴隶六名；他所拥有的公债为数甚微，至多不过数千美元。1791年6月15日的一项登录，载明他持有六厘及三厘公债，共计一千九百九十二美元六十七美分；他的名字也偶见于其他的簿籍上。他终始对于贫苦的负债者表示同情，不愿意绝对禁止发行纸币或者有限度地改变契约。他是反对本州批准宪法最有力的一个人。

乔治·梅森，弗吉尼亚人，生于1725年。他是道格奈克的富有的奴隶主和种植园主的儿子。由于他父亲早逝，他一到成年便开始掌管庞大的财产。由于参加西部土地的投机，他的家产增加了。他娶了马里兰的一个商人的女儿，因而又增添了一宗巨产。他是1749年成立的俄亥俄公司的股东之一；他得到了六十万英亩的土地，大都位于山岭的西麓和俄亥俄的南部。1754年，他又获得一件许可证，领到了北奈克的一千五百英亩左右的土地。他不断增加他的营业；在1769年，“他似乎曾在肯塔基地区占有了两千英亩的土地”。在任弗吉尼亚州议员时，他提出了一项法案，“鼓励制造苎麻、羊毛、亚麻和其他制造业”。

在宪法成立时，梅森的财产无疑是十分庞大的。他于1792年逝世时，“单是遗留给儿子们的土地就有一万五千英亩，都是位于波托马克地区的最好的土地，这些土地都是开垦过的，而且都附有堂皇的别墅和必需的附属建筑物。他留给几个幼儿将来分享的财产，都是他一手创置的：在肯塔基有六千英亩最膏腴的土地，大约三百名奴隶，价值五万美元以上的动产，以及最少三万美元的债权，而他自己却毫无债务”。他的动产似乎很少是公债，因为查阅财政部的文件，他仅持有几百美元的六厘和三厘公债。

梅森坦白承认他的个人利益在于地产。这就是他反对宪法的理由之一。在弗吉尼亚批准宪法的会议上，他说到联邦法院的最高权力的危险时说：“作为北奈克的居民，我个人就受到了威胁。由于这种权力的行使，那里的人民都得缴纳已免除的地租……费尔法克斯爵士的所有权是清清白白而毫无问题的。革命以后，我们把他的土地当作私产加以课税。到他逝世以后，议会却于1782年制定一项法律，于他死后从他的债务人手里扣押已免除的地租。第二年又通过了一项法律，把地租归还给这位地主的遗嘱执行人。事后订立了一项和约，大家同意以后不容许再有没收的事情发生。但是这一项法律通过之后，却没收了他的全部财产。费尔法克斯爵士的产权是毫无问题的，这些法律条文都算是最高的土地法，他的代表不是可以在联邦法院恢复全部的财产么？为什么绅士们会高兴缴纳对于北奈克的土地所加征的额外租税呢？”

梅森主张限制司法权力，认为法院“不应过问那些案件，如果在该案中的行为的起因于宪法批准以前，而那些关于合众国债务、州与州的领土纠纷，以及个人由不同的州得到土地从而发生地权争执等案件例外”。他担心依照当时的宪法，大家在蓝岭和阿利根尼山之间的地权会在联邦法院里受到破坏，而在印第安纳的土地购买会成为争执的问题。

詹姆斯·麦克勒格，弗吉尼亚人，为该州的博学之士和著名医师。他生于1747年，在威廉—玛丽学院求学，并赴爱丁堡和巴黎攻读医学。他最初在威廉斯堡开业；1783年左右他定居里士满，成为世界上第一流的医师、学者和人物。

麦克勒格的政治知识不是学院式的。他不仅从理论上，而且也从实践上了解政治；早在1790年11月23日，他就开始经营联邦公债，1791年2月17日，他以价值二万六千八百一十九美元的弗吉尼亚证券向当地公债办事处申请登记，其中除几百镑是自己直接应募的以外，其余都是收购进来的。麦克勒格也是第一个合众国银行的股东，而且是董事之一。

詹姆斯·麦克亨利，马里兰人，生于爱尔兰，并在当地受古典教育，于1771年来到巴尔的摩。他随本杰明·拉什博士在费城学习医学，在战时充任军医。他曾任华盛顿的秘书，以后又任拉法叶特的秘书；自1783至1786年，他是马里兰州的国会议员。

麦克亨利是巴尔的摩的一个商人丹尼尔·麦克亨利的儿子，此人"在金融上颇有成功"，他和他的另一个儿子约翰共营商业，直至1782年逝世。约翰·麦克亨利和詹姆斯·麦克亨利开始购买城市产业。约翰于1790年死后，詹姆斯便接管全部财产。据斯坦纳说，詹姆斯父亲的逝世使他在经济上获得独立。

麦克亨利的财产一定颇为可观。一封1792年8月4日的信中透露，有一个名叫迪金森的就欠他五千英镑。他是1792年成立的北美保险公司的发起股东之一。他并不是联邦公债的原始持有人，但在1797年的一项登录上却载明他持有一笔旧债，为数达六千九百七十美元九十美分。

麦克亨利的早年商业活动给他很大的影响，他同情本州的争取保护关税的努力。他是1789年4月11日从巴尔的摩送往国会的备忘录的签名人之一；备忘录要求保护并且奖励制造业。

约翰·弗朗西斯·默塞尔，马里兰人，生于弗吉尼亚，于1775年毕业于威廉—玛丽学院。他曾在陆军服役，于战后随杰斐逊研究法律。他于1786年迁居马里兰。他似乎有些财富，有六名奴隶和相当数量的公债。然而他却同情马里兰的平民党。他附和卢瑟·马丁，激烈反对通过新宪法。1801年，他当选为马里兰州州长。他以州长的身份反对州宪所加于选民的财产限制，终于废止了该项条款。

托马斯·米夫林,宾夕法尼亚人,1744年生于费城,毕业于费城学院,在校时研习古典。他的父亲要他经商,把他送到该城的巨商威廉·柯尔曼的账房里学习。"为了增长商业的知识,他二十一岁时游历欧洲。回国以后,他便同他的兄弟共同经营商业,直到革命以后。"

米夫林深感保护美国工业的必要。他参加了1787年夏季组建的费城奖励制造业及实用艺术协会。事实上,当年8月制宪会议开会期间,该协会举行成立大会的时候,他就是大会的主持人。

米夫林持有公债,但数额似乎不多。在1788年时,他和乔纳森·米夫林所有的大陆公债,不到几百美元;1791年,他以个人名义持有另一小笔的公债。所以显然是,米夫林将军了解那些公债持有人的有力集团的地位,这些人士仰望会议予以救助,并且建立政府的信用同他们有切身的利益关系。

古沃纳·莫利斯,宾夕法尼亚人,1752年生于莫里萨尼亚。他出身于有势力的贵族世家,毕业于英王学院,执律师业务,旋即参与殖民地政治,坚决反对纸币派的主张。"他严厉批评多数同胞要求采取救济措施的态度,不仅由于他们的短见,而且也由于罪过与自私,旨在希图私人的近利,而使社会受害无穷。"

他是大陆会议的代表之一,而且被认为理财能手。他赞助罗伯特·莫利斯创建北美银行,似乎颇能从中增殖私人的财产,经营各项经济企业。在制宪时期,他已经富有积蓄,可以把他哥哥的家财承购下来。"有一个时期,他曾与他的朋友罗伯特·莫利斯从事各项商业冒险,如一度大规模的东印度航行、向法国输出烟草及参加特拉华河的铁业,终致大富。"他在会议上宣布他不曾持有公债,各项文献似乎证实了他的说明，虽然他的名字曾见于财政部的索引上面，而索引所指的该卷也已散失。

罗伯特·莫利斯，在会议的代表里面，他的经济利益最为复杂。他于1734年生于利物浦的一个寒微的家庭，早年远渡美洲。他的父亲于1750年左右逝世，遗下一笔几千美元的资产，使他得与威林建立关系，他曾在威林的账房里学习商业，并且表现了他的少年干练。

在长期的商业活动中，他拥有而且管理往来东印度和西印度的船只；参加铁业及其他部门的制造业；在全国各地，尤其在西部和南部，曾买进和卖出几千英亩的土地；并且一得知要在华盛顿建都的消息，便在华盛顿从事土地投机。他出面在费城成立北美银行，由托马斯·威林——他的合伙——出任第一任经理，由托马斯·菲茨西蒙斯——他的土地和投机事业的合作者——出任一名董事。总之，他是一个商业的王子、一个工业的首领、一个土地投机家、一个金融家和一个经纪人的综合体。如果他的野心稍有收敛，他死时可以有几百万的财产，而不致因负债而一度入狱，死于贫困和债务缠身之时。

正确估计他的土地投机范围，是不可能的，因为为数当在几百万英亩以上。在制宪会议前后，他忙于替他的同僚经营各项有利可图的企业。约翰·马歇尔的一个兄弟詹姆斯·马歇尔，是他的重要代理人，替他在美国和欧洲从事经营。莫利斯夫妇授予马歇尔以出售土地的全权，并且为他写信把他介绍给欧洲的资本家和名流以及美国的驻法代表平克尼先生。

莫利斯在新政府公债上的投机，其确实数目现在还无从查究，不过我们已经知道他曾拥有各种大陆证券；他在证券上的买卖，为数达数万美元。他在制宪会议上和参院里，始终主张维持国家信用。当时没有一个人有这样广泛的利益，也没有一个人像他那样有很多的名流参加他的个人活动，如：汉密尔顿、约翰·马歇尔、托马斯·菲茨西蒙斯、托马斯·威林、古沃纳·莫利斯、约翰·兰登、罗伯特·克莱默以及与新政制休戚与共的所有人士，都参加了莫利斯的活动。

因而，我们可以正确地说，莫利斯是土地投机家、公债持有人、公债投机家和需要保护的工商集团——一句话，是全国的动产利益集团的代表。他的经济势力和私人交谊从新罕布什尔延伸到佐治亚。新政府能够得这样一个人物的支持，可说是一件幸事。我们似乎可以公正地说，在我国的宪法的制成与国家制度的稳定方面，谁也不会比“爱国的金融家”罗伯特·莫利斯的贡献更大。

所以华盛顿于就任第一届总统时，便选定莫利斯担任财政部长；但是莫利斯由于私务繁忙，不能接受这一项任命。他认为他作为宾夕法尼亚州的参议员，可以对新政府提供更多的服务。他以参议员的身份极力支持基金制度、新的银行和建立关税保护制。奥伯霍尔策说：“莫利斯和汉密尔顿共同制定了一项关税法案。这个法案的重要性在于它使中央政府有一笔巨大的税收，也在于它可以保护国内工业的发展。如果没有这位宾夕法尼亚州参议员的努力，这项法案将不会以那样的方式在国会通过，交财政部长办理。……目击者一致认为，莫利斯在华盛顿总统任内的政府里有很大的政治势力；到 1790 年 12 月首都迁到费城时，他的影响仍未消减，他把市场街的房子让与华盛顿，而且成为华盛顿最亲密的朋友。”

威廉·佩特森，生于北爱尔兰，1747 年来到美国，1763 年毕业于普林斯顿大学，1769 年开业做律师。他的父亲为一商人，而他自己也曾一度从事商业。佩特森的后期经济利益，几经调查未能了解。

威廉·皮尔斯，佐治亚人，关于他的传记材料的确很少。对他的经济利益也不大了解，我们只知道他“在萨凡纳经商，任威廉·皮尔斯公司的首脑”。他的财产也许不多，因为他曾于 1788 年致函麦迪逊，求任本区的税务官。

查尔斯·科茨沃思·平克尼，他的父亲“大法官平克尼，为一忠厚人物，在州政府中颇具声望”。他在英国接受良好的古典和法律教育，1770 年在州法院中任律师，不久“便享有盛名，业务有开展”。革命战争后，“他的业务扩大，收入甚丰——一年达四千几尼亚，在当时这是一笔颇大的数目”。他成为“查尔斯顿市的地主。他有很多的佃农以他的财产为生……他的心肠非常仁慈，不但救济贫苦人民和靠他为生的人们，而且赞助教会、学校和公益事业”。他在平克尼岛还有一块地产，第一次人口调查记载他有四十五名奴隶。

平克尼替查尔斯顿的商人承办了很多案件，他对于航海法的知识一定是广博的。由于这些直接的经验，他一定知道建立全国的商业制度，不但对商人和制造家是重要的，而且对于那些有机会在法庭上出现的人们也是重要的。在当地的债权者和债务人的纠纷中，他坚决反对减低公私的债款。

他从自身的经验认识到国家信用的重要，因为在南方的公债持有者当中，他持有的公债数量是比较多的。在汉密尔顿基金制度成立之后，据该州公债办事处的簿籍，平克尼持有一万美元以上的六厘和三厘公债。

查尔斯·平克尼，同他的堂兄弟一样，也是查尔斯顿的一个名律师，承办大批商人的案件。他也是一个地主，占地颇多，据1790年的人口调查，他有五十二名奴隶。

查尔斯·平克尼和该州的保守势力沆瀣一气，反对债务人或纸币派；他深切了解公私义务神圣的意义。他持有大量的公债，在新制度建立之初，他便持有一万四千美元以上的公债。和他的同道一样，他也害怕平民的立法会影响到动产的价值。

埃德蒙·伦道尔夫，出身于英国的一个世家，为约翰·伦道尔夫的孙子。他从一位叔父那里承继了“三个农场……一些黑奴及其他财产”；不过这些财产本身也负有债务。他当律师，业务发达，收入相当多。当他被指控在国务卿任内曾欺诈美国财政部时，他提出反诉，说他的财产状况可以证明他不能收购任何巨额的政府公债。他说，当时（1801年）他仅有一万四千二百镑弗吉尼亚的货币，“都是凭自己的双手赚来的”。当时，他由继承得来的其他财产，计有“七千英亩左右的土地、若干房屋和大约二百名黑奴”。这些奴隶曾是他的一项累赘，因为他不肯出卖他们的增殖人口，而在费城又不能使他们受雇于人。

伦道尔夫从来没有非常兴旺发达。在新政府成立前后，他持有一万或一万五千美元的公债。但他似乎曾欠下汉密尔顿一笔巨债，使他感到相当的窘迫。他于1793年4月23日曾致函汉密尔顿，申请展期还款。他说：“我非常感谢你允予通融……我想出卖的数目远在二千六百镑以下。市价仅值一千三百镑;因而我准备稍待上涨。……”

乔治·里德,特拉华人,为一位“都柏林的富人”的儿子。他的父亲早年移居美洲,并且成为特拉华的“一位孚望的种植家”。里德追随约翰·莫兰——费城的一位著名法学家——攻读法律,于1750年在纽卡斯尔开业做律师,不久业务便臻于发达。因为他曾受过他应受的教育,所以他放弃了对于父亲财产的承继权,然而他依然积蓄了一笔巨产。

他的经济状况可以从他的生活状况上窥见一斑。他的一位后人写道:“里德先生的住宅面临特拉华河……它是一所旧式的砖屋,看来舒适,但欠雅致。……里德先生在这里住了几年,度着俭朴的生活……他的收入可以购置比当时更多的东西。他有一个小农场……他经常有几个仆人。”除了薪俸和业务的收入以外,里德还拥有若干资本,他也是1784年发行的北美银行股票的持有人之一。

他曾将小部分资财投在1779年的大陆会议的证券方面,当时是革命的黑暗时期,收回债款的希望实在渺茫。他是为革命事业而献身疏财的志士之一,也是《独立宣言》签名人之一。据特拉华州公债办事处的记录,里德曾于1779年3月及5月认购两千美元的公债,玛丽·里德认购一万一千五百美元。财政部所存的特拉华文献残缺不全,我们无从查考这些公债,但是1797年的一项登录载明,里德持有小额(旧的)三厘公债。里德当然切身感到证券贬值的不便,并且知道一个稳定的政府对于每一个动产所有者的价值。

约翰·拉特利奇，南卡罗来纳人。他的父亲是约翰·拉特利奇博士，原籍爱尔兰，于1735年左右移居卡罗来纳。他就教于一位古典派导师，并且在中殿法学院研习法律。1761年，他在查尔斯顿开业做律师。他的传记作者说："他不是按部就班的成为法界的铮铮人物，而是一举而成为干练的律师和渊博的学者。他的业务蒸蒸日上。他承办最难办的案件，并且得到最优厚的报酬。"

根据第一次州宪法，他被选为南卡罗来纳州州长。当州议会提出一项在某些方面更为民主的新的政府组织时，他投了否决票，"喜欢一种综合的或混合的政府，胜于一种简单的民主或接近于这种简单的民主"。他说："开始看来，不论民主的权力显得如何无懈可击，我们已经发现了它的缺点是武断、严厉而且具有破坏性。"

他因为不能阻止新州宪的通过，就辞职了；但是又被选为根据新州宪产生的州长。因为州宪规定当选州长的人必须拥有"最少价值一万镑现币……的农场或不动产，而且没有任何债务"。所以我们必须认为拉特利奇领有相当的地产和一些奴隶。据1790年的人口调查，他有二十六名奴隶。这个数目虽然不大，但对于一个不以种植业为主的人来说，也很可观了。同他的南卡罗来纳的同僚不同，约翰·拉特利奇似乎没有在公债上投资，虽然拉特利奇家族的几个成员的名字曾出现在公债簿上面。

罗杰·谢尔曼，康涅狄格州新米尔福的鞋匠，为制宪会议中的少有人物之一：他出身贫寒，凭自己的努力起家，没有受过教育，也没有得到家庭的帮助。他的传记作者说："说到世俗的环境，谢尔曼先生的情况是很幸福的。他没有祖产，没有有势的亲朋，仅凭自己的聪明与良好的操守，勤奋经营，始终过着优裕的生活；他的财产也逐渐增多起来。”

同当时具有远见的商人一样，谢尔曼似乎也曾以一部积蓄投放在公债上面，因为在汉密尔顿的财政制度开始实施之后，他就在本州的公债办事处登记了将近八万美元的公债。

里查德·多布斯·斯佩特，北卡罗来纳人，出身豪门。他的父亲曾任皇家的殖民地大臣，他的母亲是一个殖民地总督多布斯的姊妹。他早年就掌管他的父亲的财产。他在爱尔兰求学，毕业于格拉斯哥大学。据皮尔斯的记载，在制宪会议期间，他是“一个有价值的人物，颇有才能，且有资产”。他是本州的大种植园主之一，据说他有七十一名奴隶。他似乎不曾参加公债活动。从不完全的文献上考察，我们不能证明他曾是一个原始的持有人——但是有一项小额的三厘旧账表明，他并非不知道政府信用与稳定的制度的关系。华盛顿曾亲赴北卡罗来纳赞助争取该州批准宪法，这主要是由于斯佩特的影响。

凯莱布·斯特朗，马萨诸塞州人，生于北安普顿，为当地的一个世家的子弟。他在哈佛大学求学，执业律师。他早年从事政治活动，崭露头角，先后当选本州制宪会议和联邦制宪会议代表、第一届联邦参议院议员，后来又出任本州州长。他的传记作者参议员洛奇未曾说明他是否获得遗产或储有资财，但是他凭自己卓越的政治知识，曾购下 1787 年 5 月以前发行的公债，价值为三千二百七十一镑零六便士，于 1791 年 9 月换取了联邦证券。

华盛顿，弗吉尼亚人，大概是当时美国最大的富翁。除了他在波托马克的大量地产之外，还把一大笔流动资金投放在西部的土地上，指望由于建立一个稳定的政府与开拓国境，那些土地可以大大地涨值。

华盛顿在1799年订立的遗嘱里,附有一张财产表;我们摘引下面的数字便可以窥见华盛顿的经济利益。他在弗吉尼亚的土地,包括在俄亥俄和大肯哈瓦的大量地产三万五千多英亩,价值二十万美元;在马里兰的土地有一千一百一十九英亩,价值九千八百二十八美元;在宾夕法尼亚的土地有二百三十四英亩,价值一千四百零四美元;在纽约的土地约一千英亩,价值六千美元;在西北地区的土地有三千零五十一英亩,价值一万五千二百五十五美元;在肯塔基的土地有五千英亩,价值一万美元;在华盛顿州的财产,价值一万九千一百三十二美元;在亚历山大的财产,价值四千美元;在温彻斯特的财产价值四百美元;在巴思的财产,价值八百美元。他拥有价值六千二百四十六美元的联邦证券;关于这些证券,他说,“就是实际积储的总数;虽然总额不过七千五百六十六美元,却最少花我一万镑的弗吉尼亚货币;那都是在战时清偿的债款,当时货币曾大大跌价——遂由当局核定了这个数额”。他拥有弗吉尼亚州赠予的价值一万零六百六十六美元的波托马克公司的股票(他把这笔财产留下设立一所全国性大学);价值五百美元的詹姆斯河公司的股票;价值一千美元的亚历山大银行股票;价值六千八百美元的哥伦比亚银行股票。他的奴隶可以在他的妻子死后获得解放。他自己估计,他的牲畜价值一万五千六百五十三美元——他的全部财产总额至少达五十三万美元。

华盛顿也是一个拥有相当数量款项的贷款者,而且受到了弗吉尼亚议会的纸币制度的损害。他“拥有‘大约一千镑’的抵押债权,收回时,纸币的价值已经跌到了每镑六分之二的价值;当他出

席联邦制宪会议时，因为他不能售出自己的农产品，他还拖欠了两年的租税”。

在美国，如果有人具有充分的理由可以不满邦联的懦弱无能，那么这个人就是华盛顿。他把自己的黄金时代贡献给革命事业，而且不受任何报酬。他领取的个人生活费只有六万四千三百五十五美元三十美分的不断贬值的纸币。奥托在1787年2月10日致维琴尼斯的信里提到华盛顿所受的损失。他说：“我的面前就有一封他的书信；在这封信里，这位备受尊敬的人物诉说自己不得不以二十比一的比率出售国会给他的证券，借以清偿自己的债务。”

休·威廉森，北卡罗来纳人，为都柏林的“一位勤奋的商人”的儿子。他的父亲约在1730年，即威廉森出生前五年移居美洲。威廉森曾受良好的教育，于1757年毕业于费城学院。约在此时，他的父亲逝世，遗下一笔财产。这项财产的整理花费了将近两年的时光。他研究神学，后来又转习医学，并且赴爱丁堡从事深造。他曾在费城行医，后来却迁居南方。

在革命战争期间，他先在查尔斯顿，后在伊登顿从事商业投机，“其后便与西印度群岛的各中立岛屿进行贸易。最后，他一面与当时同样经营西印度群岛贸易的中立者继续合营商业，一面却决定重操医业；他这次行医的成功，和他在费城行医时的情形一样。”他反对在北卡罗来纳发行纸币，并发表论文攻击不兑现的货币。

他兼有理论的和实际的金融知识，他似乎存有大批的公债。他的名字屡见于财政部的记录上面；例如，在1791年12月项下，便列他拥有价值二千四百四十四美元八十四美分的六厘和三厘公债。再者，他同汉密尔顿以及他人的通讯，都说明了他曾拥有‘两大箱’的六厘、三厘和延期的公债。1793 年，他把这些债券交给汉密尔顿转交纽约公债办事处。

威廉森也曾从事西部的土地投机；他并非不知道新宪法给予这种财产阶级的利益。1788 年 6 月 2 日，他在致麦迪逊的信中写道，“就我个人说来，我表明我的意见并没有受到私人利益的左右，不过我在西部拥有相当数量的土地；我完全相信一个有效率的联邦政府一定会使这些土地的价值增涨起来”。在长期担任公职以后，他便在纽约定居，从事历史著述，同时处理自己在担任公职期间积蓄下来的相当多的财产。

詹姆斯·威尔逊，宾夕法尼亚人，1742 年生于苏格兰，曾在该地受过良好的古典教育。他于 1766 年前来美洲，并随迪金森研习法律。1767 年他加入律师业，并在首次定居的卡来尔开业，获利甚多；他于 1778 年移居费城，与当地的富商名人，如罗伯特·莫里斯、乔治·克莱默和米夫林将军等人过从甚密。1781 年北美银行成立时，他就是该行的董事之一；同时也是 1792 年成立的北美保险公司的一位发起股东。

威尔逊的最大利益似乎在于公有的土地，因为他是投机取巧的佐治亚土地公司的一个股东，他的股份最少有十股，值现金二万五千镑还有土地七十五万英亩。哈斯金说，“合众国最高法院的詹姆斯·威尔逊拥有的股份至少有一百万英亩的土地；可以断言，他对于取得让与权是有作用的”。

威尔逊似乎没有很多的公债。在财政部保存的宾夕法尼亚州公债办事处的文献上，仅仅发现于 1791 年 6 月 2 日项下，有他一笔小额的三厘公债。也许他在其他方面的大规模活动，使他无暇顾及这方面的好处。

乔治·威斯，弗吉尼亚人，于1726年生于弗吉尼亚殖民地的切萨皮克湾。“他出身名门，父亲是农业家。他所承袭的遗产足够他过优裕独立的生活，虽然他的财产受到了革命的严重损害。”他研究法律，“由于学识渊博、议论正确与论据的逻辑性，不久即在律师界崭露头角”。他的第二个妻子是住在威廉斯堡附近的名门富户托利弗家族的一位妇女。他是一个奴隶主，但是他解放了他的奴隶，并为他们提供维持生活的口粮。他拥有的公债不多。1791年3月12日，他拿出了一些套购的弗吉尼亚公债，为数五百一十三镑二先令八便士。

罗伯特·耶茨，纽约人，生于斯克内克塔迪，在纽约市受过古典教育。他研究法律，在阿尔巴尼从事律师业务，不久即大为发展。他曾在根据1777年的州宪设立的高等法院担任法官，但薪水微薄。“在大陆币的贬值幅度决定以前，他所得到的用大陆币名义支付的年薪，仅够为他的妻子购买一磅绿茶。”他不肯干某些朋友干的那种职业，在没收的财产上投机致富。“他身后十分萧条。”他反对通过宪法，也不曾拥有公债。不过，耶茨家族的一些成员，如理查德、阿道尔法斯和克里斯托弗等，都是很大的公债活动家。

上面的考察提供了一些结论：

大多数的会议代表都是律师。

他们大半来自沿海的都市，即动产集中的区域。

没有一个代表的切身经济利益，可以代表小农或技工阶级。

大多数代表，最少有六分之五，对于他们在费城的努力结果都有直接的个人的利益关系，而且都曾由于宪法的通过或多或少地获得经济利益。

一、公债利益集团在会议里有很多代表。在五十四名的出席代表当中，列名于财政部文献上的，不下于四十人。各人拥有公债从几元至十万美元不等。较小的公债持有者，有巴西特、布朗特、布里尔利、布鲁姆、巴特勒、卡罗尔、费尤、汉密尔顿、马丁、梅森、默塞尔、米夫林、里德、斯佩特、威尔逊和耶茨。较大的持有者(拥有五千美元左右)，有鲍德温、布莱尔、克莱默、戴顿、埃尔斯沃思、菲茨西蒙斯、吉尔曼、格里、戈勒姆、詹尼弗、约翰逊、金、兰登、兰辛、利文斯通、麦克勒格、莫里斯、平克尼、C. 平克尼、伦道夫、谢尔曼、斯特朗、华盛顿和威廉森。

有趣的是，除了纽约或特拉华两州以外，每州都有一个以上的代表拥有巨额的公债，所以他们可以痛切陈词，主张在宪法上面规定十足偿还公债：

兰登和吉尔曼——新罕布什尔代表。

格里、斯特朗、金——马萨诸塞代表。

埃尔斯沃思、谢尔曼和约翰逊——康狄涅格代表。

汉密尔顿——纽约代表。虽然他个人没有很多的公债，但他却是公债持有者的特殊代言人而且主张维持政府威信。

戴顿——新泽西代表。

罗伯特·莫利斯、克莱默和菲茨西蒙斯——宾夕法尼亚代表。

默塞尔和卡罗尔——马里兰代表。

布莱尔、麦克勒格和伦道夫——弗吉尼亚代表。

威廉森——北卡罗来纳代表。

C. C. 平克尼和 C. 平克尼——南卡罗来纳代表。

费尤和鲍德温——佐治亚代表。

二、从事土地投机的动产利益集团最少有十四个代表：布朗特、戴顿、费尤、菲茨西蒙斯、富兰克林、吉尔曼、格里、戈勒姆、汉密尔顿、梅森、莫利斯、华盛顿、威廉森和威尔逊。

三、生息动产利益集团最少有二十四个代表：巴西特、布鲁姆、巴特勒、卡罗尔、克莱默、戴维、迪金森、埃尔斯沃思、费尤、菲茨西蒙斯、富兰克林、吉尔曼、英格索尔、约翰逊、金、兰登、梅森、麦克勒格、C. C. 平克尼、C. 平克尼、伦道夫、里德、华盛顿和威廉森。

四、工商航业的动产利益集团最少有十一个代表：布鲁姆、克莱默、埃尔斯沃思、菲茨西蒙斯、格里、金、兰登、麦克勒格、米夫林、G. 莫里斯和 R. 莫利斯。

五、奴隶主利益集团最少有十五个代表：巴特勒、戴维、詹尼弗、A. 马丁、L. 马丁、梅森、默塞尔、C. C. 平克尼、C. 平克尼、伦道夫、里德、拉特利奇、斯佩特、华盛顿和耶茨。

所以，我们不能说会议代表是“没有利益关系的”。反之，我们不能不承认这个确切不移的结论，即：他们凭着个人在经济事业上的经验，深知他们建立起来的政府将要达到什么样的目标。如果作为一种主义者集团，有如 1848 年的法兰克福会议那样，他们会惨遭失败的。但是作为实践的人物，他们才能够把一个新的政府建立在唯一可以稳定的基础——经济利益的基础——上面。

第六章　作为经济文献的宪法

仅仅读过法律家的评论、对联邦宪法只有肤浅研究的学者，很难把宪法看作一种经济文献。宪法对于选举人或官员没有规定财产限制；宪法没有明文承认社会上的任何经济集团；宪法没有提到将特权授予任何阶级。它没有流露有如表现于1791年法国宪法上的那种感情。它的文字是冷静的、堂皇而且严肃的。

仅仅研究宪法的条文，我们便无从究明宪法的实质；我们必须长期地仔细研究当时名流的书信、报纸和小册、费城会议和各州会议的辩论记录，尤其是在批准宪法的斗争期间广为流行的《联邦党人文集》。那些书信指明了宪法所要补救的当时的弊端，记录揭露了在经济利益集团的压力下建立政府结构的连续步骤；报章和小册暴露了对于批准宪法的论争的意义；《联邦党人文集》则提供了当时三个最高明的思想家——汉密尔顿、麦迪逊和杰伊——所主张的新制度的政治理论。

在这些文献中最足以阐明宪法的经济意义的，无疑当属会议的辩论记录，而这些记录至今仅剩下一些残缺不全的篇章了。要详细研究严肃的费城会议在所制定的宪法的某些条款中所反映的物质力量，需要根据会议所代表的重要的利益集团，重写一部制宪的历史。但是这样的研究结果不是一本著作所能完成的，本书也不能担当这样的任务。

在另一方面，《联邦党人文集》却由几个最适当的人物根据他们对农民意识的深切了解，比较简明而且系统地提出了对宪法的经济解释。汉密尔顿、麦迪逊和杰伊的论据，在现有的对于政治的经济解释中，可说是最优秀的见解。谁要了解美国宪法不外是一种经济文献，谁就不能放过他们的著作。因为他们要呼吁选民批准宪法，他们的语气显然有所缓和，但是同时由于外界的力量，他们也不能不使庞大的经济集团相信，安全和力量有赖于新制度的实施。

他们的呼吁主要是就物质的和实在的利益方面而发的。他们有时也用抵御外国侵略和欧洲势力的理由向普通的人民呼吁。他们也向商业阶级呼吁，这些阶级的营业由于邦联的无能，处于衰竭状态。他们向债权者呼吁，这些人正在希望得到一种救济，以便不受纸币的损失和一般农民的侵害；他们向公债持有者呼吁，当时公债正在不断地跌价，快到一文不值了。最主要的，他们向动产者呼吁，这些人为着避免平均的民主主义的攻击，正急于寻找一种陪衬；在这里，《联邦党人文集》的作者提出了最使人信服的论据，主张批准宪法。当时关于新政府机构的细节的确有许多争论，甚至某些主张改革的朋友也都表示了异议；但是麦迪逊和汉密尔顿两人全都明白：与上层建筑所依赖的坚实基础比较起来，这些不过是枝节的问题。

把这些卓越的著作作为政治经济学的一种研究而加以研读时，我们必须记住这些作者所说的制度包括了两个基本的部分——一部分是积极的，另一部分则是消极的：

一、一个政府，它拥有若干积极的权力，但它的结构却分散了多数人的统治势力，同时则防止了对于少数人的财产权利的侵犯。

二、限制一向摧残资本的各州议会的权力。

在某种情形下，行动总是直接有利于统治集团的。如果他们希望通过政府的职权获得经济的利益，他们当然要有一种赋有必须权力的制度。

这些例子可以见于保护关税、航业补助、铁道路基的拨给、河道水港的修浚以及种种所谓“家长式的”立法。任何特殊法案的表面目的，固然都可以说是在于“公共的福利”；但是公共福利只是一种无形的存在；除非我们知道那些个人凭借这一个名义得到了利益、公共福利便是毫无意义的。经过这样的分析之后，就可发现谁是直接的受惠者，谁是渺茫的受惠者。直接的受惠者往往就是力主通过法案的分子，例如出席华盛顿关税问题听证会上的那些经济利益集团的代言人。

在另一方面，统治的利益集团也往往可以从阻止政府的行动中获得利益。如果你让他们在法律的保障范围内畅所欲为，他们是很会照顾他们自己的。许多财产的拥有者，畏惧政府的积极行动，正如畏惧他们不能通过有利的立法一样。在私有财产业已扩充到实际上包括所有有形的和无形的财富形式之时，这就尤其真实了。汉密尔顿曾明确提出：“也许有人会说，阻止恶劣法律的权力也包括阻止优良法律的权力……但是在能够正确估计那些构成为我们政府的最大弱点的法律上的变化无常所造成的祸害的人们看来，这种异议却是不足重视的。他们认为所有用以限制滥行立法并使事物维持某一特定时期的现状的制度，是利多于害的……

阻碍少数优良法律的制定可能造成的损失，将由阻止许多恶劣法律的产生所得的利益予以充分补偿。”

宪法的基本政治学

在探讨联邦政府组织的经济意义之前，我们必须确定什么是《联邦党人文集》所认为的一切政府的基础。麦迪逊在该书第十篇曾对政治学的基础作了一番最有哲理的考查。他毫不含糊地提出了一个原则，即：一切政府的首要任务就是经济任务。

1. 他说，“政府的第一目的”就是保护“财产权利赖以产生的人类能力的差异”。政府的主要任务包括调节各个互相冲突的经济利益集团。他列举了现代社会必然产生的种种财产利益集团之后，接着说，“调节这些错综的利害关系成为现代立法的基本任务，而且也是在正常的政治活动中的党派的精神”。

2. 政府必须关注的这些互相冲突的政治势力所以产生的主要原因何在？麦迪逊回答了。当然，想象的和无意义的畛域之见，有时也可以成为猛烈冲突的原因；“然而形成派别的最普通的和最持久的原因，却是财产分配的差异和不均。有产者和无产者总是在社会里面形成不同的利益集团；债权者和债务人也是一样的。文明社会必然产生一个土地利益集团、一个制造业利益集团、一个商业利益集团、一个货币利益集团以及许多较小的利益集团。他们分成不同的阶级，各有不同的观念和情绪”。

3. 人们所持的政治理论，都是他们的财产利益的情绪反映。“由于保护获致财产的不同能力，就产生了等第不一和种类不同的财产；同时由于这些在各种财产所有者的感情和观念上所生的影响，结果使社会分裂为不同的利益集团和派别。”议会就是利益集团的反映。他说“各个阶级的议员都不过是他们所属的阶级的代言人和党派而已”。这是无可挽救的。“我们不能消灭派别的原因”，同时，“我们深知我们不能依赖道德或宗教动机作为一种适当的控制”。

4. 财产分配的不均是不可避免的，因而在国家内部也将产生对立的派别。政府将反映这些派别，因为他们都会有自己的主张和“情绪”；但是最大的危险将发生在某种利益集团一旦成为压倒的多数——在另一篇文章里，麦迪逊预言这个集团将是没有土地的无产阶级，——这种压倒的多数将使自己的“权利”凌驾一切，而且牺牲少数人的“权利”。他说，“所以我们从事研究的重大目的就在于力求公共福利与私人权利不致遭受这么一个派别的侵害，同时又能保持平民政府的精神和形式”。

5. 怎样达到这个目的呢？既然对立的阶级无法消除，而他们的利害必然要反映在政治上，那么唯一的出路就是要使矛盾的利益集团不能形成一个多数，而彼此保持均衡。从事这种工作的机构，由新的宪法和联邦创造出来了。（甲）“经过公民选出一个团体”，把公共的意见加以提炼和扩充。（乙）联邦的范围内将包括较多的利益集团，使一种压倒多数的危险不至太大。“社会愈小，则构成社会的不同党派和利益集团也可能愈少；党派和集团愈少，则一派的多数将愈易形成……扩大范围，吸收更多的不同派别和利益集团，就更少可能出现一个有侵犯其他公民权利的共同动机的多数，即使他们会有共同的动机，他们也将更难发现自己的力量，更难采取一致的行动。”

“所以，在联邦的范围和适当的结构中，我们希望得到一种共和制的补救方法，借以救治共和政府最常见的弊病。”

一、政府的结构或制衡

麦迪逊所陈述的政治经济学的基本理论，就是美国最早的制衡观念的基础，这种观念在《联邦党人文集》中有四篇文章详加论述，要点如下：

1. 仅在书面上规定政府各部的分权，将难生效。“立法机关往往扩大自己的活动范围，把一切权力拉进自己的汹涌的漩涡。我们的共和国缔造者……似乎从未一时忽视在一帮世袭的立法当局支持维护下，一个世袭行政首长大权独揽对于自由的威胁。他们似乎从未想到立法机关的擅权对于自由的威胁；立法机关由于集中一切权力，也一定会走向专制，一如行政机关的擅权一样。”

2. 必须规定一种可靠的方式，以阻止擅权；不宜时时诉诸人民。“现有一种无可驳斥的异见，反对在一切情形下均以人民的复决方式使某些权力机关不至越出宪法的制约。”在立法机关与政府其他部门发生争执时，由于立法人员可以向人民申辩自己的理由，立法机关无疑地会获得胜利的。

3. 那么要依靠什么才能使政府受到控制呢？“唯一可能的答复是：既然外在的规定都是不堪依靠的，我们就必须以政府的内部结构来补救这种缺点，应该使政府各部门凭借相互关系，互相约束，各使对方不能逾越自己特有的范围。一个共和国家的重大任务不仅要保护社会使它不受统治者的压迫，而且也要保护社会的一部分不受另一部分的不公正对待。在不同的阶级里面必然存在不同的利害。如果一个多数在一种共同的利害下结合起来，那么少数的权利就会发生危险。”有两种可以避除这种危险的方法：一是设立一个不受民意约束的君主；一是让这些对立的利益集团(既然他们有权选派代表)就在政府的结构上面反映出来，使多数不能支配少数——这些少数当然包括那些拥有财产而可能受到侵犯的人们。“社会自身将会分成许多派别、利益集团和阶级，个人或少数的权利因此将不易由于多数的利害结合而受到威胁了。”

4. 在费城创造出来的政府结构就反映了这些集团的利益，并且使多数难以威胁少数。“众议院由人民直接选举，参议院由各州议会选举①，总统则由人民选出的总统选举人选举；任何一个有共同利益的集团都很难为了偏爱某一特殊阶级的选举人而把这些选举机关结合在一起。”

5. 所有这些不同的利益集团都参与修正过程，而且增强了反对多数的力量。一项修正案必须各在两院得到三分之二的同意，并且必须经过四分之三的州的认可。

6. 这种制度的经济意义是：有产者利益集团凭其卓越的力量和知识，可以在必要时获得有利的立法，同时又可不受国会里的多数的控制。

如果仔细研究那些起草人思索出来用以阻止可能损害既得权利的积极活动的巧妙办法，我们就不能不惊服他们的巧妙。他们的主要思想就是要从根基上，也就是在政府各部门的政治权力的来源上，分散侵犯的力量。这种从权力来源上分散积极的行动，由于赋予政府各部门的任期不同，就更加方便了。此外，他们还赋予

① 1913年5月31日批准生效的宪法第十七条修正案规定，参议员的选举办法同众议员。——编者

司法以特殊的地位，借以抗衡麦迪逊所谓的“利益一致的压倒的多数”，同时运用法律的庄严与神秘，借以防御对民主的侵犯。

经过研究之后，我们将会发现在政府各主要部门里，没有两个部门是出自同一来源的。众议院是从各州认为可以享有公民权的人民大众产生的。参议院则由各州的议会选举——在 1787 年，各州议会几乎一律定有财产的限制，唯参众两院议员的限制有所区别。总统由依照选举议员的方法产生出来的总统选举人选举，并不由一般的选民直接选举。法官由总统和参议院委任，总统和参议院都不直接接受人民的控制，二者的任期也比众议院的议员长久。

政府各部门的任期截然不同，因而不能一举而完全改组政府。众议院任期两年；参议院任期六年，但每两年要改选三分之一。总统任期四年。最高法院的法官终身任职。因而十八世纪的法学家所谓的“人民的猖狂”不但受到了限制，不能够凭直接选举为所欲为，而且就算他们能够冲破总统和参院的间接选举的障碍，在政府的政治部门内产生影响，他们也得经过六年的期间。最后，这里还有一种司法的钳制，这种力量只有凭借需要时间的委任权力或经过麻烦的修正制度的手续，才能够加以操纵。

实际上，整个结构的关键就在于司法的钳制制度——这可说是美国人的政治天才对于政治学所提供的最卓越的贡献。新近有些作者声言，授予最高法院裁定国会立法是否符合宪法的权力，这并不是宪法制定者的初意；但是根据另一面的证据，那些断言费城宪法草案没有提出司法钳制的人士，却必须拿出积极的证据。《联邦党人文集》的作者无疑持有这种主张，而且认为这是一个高超的原则，所以他们才小心翼翼地向选民解释。

汉密尔顿详论了司法钳制立法的原则之后，接着还列举了这种原则的益处。他说，“在一个君主国家里，这是阻止君主专制的一道屏障，在一个共和国家里面，这也不失为阻止立法机关侵犯的屏障。……如果法院可以被视为阻止立法侵犯的屏障，那么这就提供了一个强有力的论据，务使法官能够久安其位，因为只有这样才能保持法官忠于职守所必不可少的司法独立精神。……但是这并不是就破坏宪法而言，而且只有司法的独立才可以避免社会的一时不良倾向的影响。这种不良的倾向往往会以偏颇不公的法律损害一些特殊阶级的私人权利。也只有司法地位的稳固才可以缓和这种严重性和限制这种法律的实施。它不仅要纠正业已通过的法律的失当，而且还可以阻止立法机关通过这些法律。如果他们知道了他们的不正当企图必然会得到司法的驳斥，他们基于不正的动机，也就得修正他们的企图。这对于我们政府的性质可能发生的影响，超过了少数人所能了解的程度。”

但是，有人可能问道，如果新制度的基础在于保障财产权利，为什么新宪法对于选民或选任的官员和代表却没有规定财产的限制。英国的宪法史大部分都是特殊的经济集团争取政治地位与取消从前加于下院议员和普通选民的财产限制的斗争记录。我们想起了英国的情形，就的确感到美国的宪法有点特殊。但是美国宪法之所以没有财产限制，却是不难解释的。

制宪会议成员一般说来并不反对对官员或选民加以财产的限制。据米勒先生说：“在联邦制宪会议上，曾经有人提出一些关于财产限制的建议。一项动议交付委员会来确定对国会议员的财产限制。委员会在财产数额上不能达成协议，他们提出一个报告，主张将此问题提交立法机关。查尔斯·平尼克反对这种意见，认为这给予第一届国会的权力太大了。……埃尔斯沃思反对财产限制，因为很难确定一个标准。如果标准定得太高，合乎南方的要求，却又不能适用于东部各州。富兰克林是唯一在原则上反对财产限制的发言人，他说，'他所熟悉的一些最坏的无赖，就是一群最富的无赖。'会议还做了一项决定，要求对总统加以财产的限制。由此可见，在美国宪法上对于公职一律没有财产的限制，并不是由于制宪会议本身反对这种限制。"

主张制定财产限制的提议所以不能通过，并不是因为他们相信它违反美国政府的秉性，而是由于经济的理由——这似乎显得奇怪了。这些经济理由，麦迪逊在 7 月间关于议员的土地限制问题的辩论中曾加以发挥。他首先指出，轻微的财产限制并不足以排挤小农，而他们的纸币方案早已使动产受害不浅；其次土地财产限制势将使"非土地所有者的那些阶级"，即动产集团，不能有代表出席国会。他认为这是确实的，因为商业和制造业阶级很难愿意把动产变成够额的土地财产，借以使自己获得在国会里争取一个席位的资格。

其他代表也都知道，他们最该害怕的是那些根据少量的不动产限制而得到公民权的选民，因为纸币派到处是以小农阶级为基础的。据戈勒姆说，"在费城、纽约和波士顿的选举中，商人和技工的投票至少和不动产所有者单独的投票一样好"。因而实际的情形是：在会议中的动产集团代表正确地看出了不动产限制并不能防止各州农民对于动产权利的攻击。而且显然不可能制定一个他们希望的对人的检验标准，因为没有可能由不动产集团选出的议会或会议来批准宪法。

在制宪会议上，不动产和动产集团的矛盾充分表现在7月26日的辩论上。当时麦迪逊提议，查尔斯·平尼克附议，主张对国会议员课以地产的限制，并且禁止"那些对合众国负债或有债务未清的人们"参加国会。在提出这项动议时，麦迪逊"说明后来列举的那些人们往往钻到州议会里去，借以推动通过可以袒护他们的罪行的法律；如果报告可以为据，这些坏蛋也已经钻进国会里去了"。

古沃纳·莫利斯立即站了起来说，如果要课以限制，这些限制应该加在选举人身上，而不是加在被选举人身上。不合资格的将是合众国的债权者，因为亏欠政府款项的人士究竟为数很少。他知道根据这个规定，在座的制宪会议代表就只有很少几个可以参加他们正在建立的新政府。"至于债务未清的人们，他相信这种人物为数甚多。然而，他认为这种歧视既可憎又无用，在许多情况下是不公正的而且是令人痛苦的。延缓清理的错误在于社会，而非个人。那些爱国公民把自己的身力财产贷给国家，迄至还未能获得清偿，试问我们要怎样对待他们呢？要把他们排挤出去么？"莫利斯考虑之后，补充说道，"我们不应当过分的正确，这是明哲的箴规。他认为我们也得同样地提防过分的聪明。……麦迪逊提出的对国会议员的限制实际上是无人理会的；它不过是土地利益集团对付货币利益集团的一种计谋而已"。

格里认为牺牲几个有作用的债权者和债务人所引起的不便，同这个决定所提供的益处比较起来，那就无关紧要了。但是他想了一会儿之后又说，"既然财产是政治的对象之一，那么保护财产

的措置就不能有所偏颇。”金郑重表示，规定土地的限制可能有一个重大的危险，因为“它会排斥金融利益集团；在危急之秋，金融集团的援助对于公共的安全将是必不可少的”。

麦迪逊对于土地限制的作用，毫不信任，主张把它取消。他说，“占有土地并不就是殷实的证据，许多占有大量土地的人士，所负的债务却已超过了他们的资产。各州的不公平法律，大都由这一阶级的人物提出的。屡见不鲜的是：那些拥有土地财产而负有债务的人们，到各州议会里去，就是要促成一种不公平的对付他们的债权者的办法。其次，如果把少量土地定为标准，那是毫无保证的；如果标准定得很高，那就会把非土地所有者的各阶级的代表排除在外”。基于这个和其他理由，他反对土地限制；同时提出对选民课以财产限制是较好的办法。

主张取消对议员有“土地”限制的动议，以十票对一票通过了；主张取消不许那些同合众国的债务尚未清偿的人们当选议员的提案，以九票对两票通过了。最后，主张不许对合众国负有债务的人们当选议员的提案，由于平尼克提请大家注意“这种规定可以使那些业已购得充分的财产或准备购买西部土地的人们不能当选议员，从而使西部土地的出卖发生困难”，于是也以九票对两票否决了。

宪法提交各州认可，没有规定对于投票者的财产限制，除了有些州认为有必要加以限制。在新政府里，只有一个部门，即众议院，必须由人民普选；如果可以建立总统选举人的普选制度，从间接的过程中又可以得到一种保障。两个钳制的机关，参议院和最高法院，除非由于宪法修改，都不能采取普选。最后，制宪会议里的保守成员还有双重的保障:当时几乎是所有生效的州宪都对选民规定了关于动产或不动产的限制,而激进的民主改革似乎还未迫在眉睫。

二、授予联邦政府的各项权力

1. 授予联邦政府积极行动的权力并不很多,但是却也满足了宪法缔造者的要求。这些权力首先包括了举税和征税的权力;不过农村的利益集团在这里得到了一项保证,即直接税应由各州按人口——奴隶以五作三计算——平均分摊。据当时有资格发言人士的意见,这种规定的目的在于避免制造业发达的州把租税转嫁于人烟稀少的农业区域。

北卡罗来纳州的三位代表,布朗特、斯佩特和威廉森,在致本州州长的一封信里,说明这种对于租税的保证有利于南方的种植园主和农民:“我们对于一个全国政府抱有种种希望,我们对于这一个政府的唯一担心就是不平等的繁重的租税负担。但是我们希望你会像我们一样地相信:由于拟议中的办法,南部各州尤其北卡罗来纳可以获得充分的保障。在第一条第九款上规定:除非依人口比例,不得举征人头税或直接税;黑人以五人作三人计算。如果举征土地税,我们也只能缴纳同一的比例数目,例如北卡罗来纳的五十个公民所纳的全部土地税不能超过东部各州中任何一州的五十个公民。这对于我们是十分有利的,因为他们的农场大都狭小,而且多数居住在城市里,我们大家所有的土地的价值无疑是他们的两倍。五个黑人作三个白人计算,这种益处在拟议的政府形式下必益见增长。”

征税权是其他一切积极权力的基础;它可以获得税收,借以十足清偿公债。宪法第六条规定“本宪法施行前所欠之债务与所立的约束在本宪法施行后对合众国仍属有效，一如邦联时代”。

在邦联时期，国会曾打算筹集款项，以支付公债的利息，但却遇到了种种困难。研究财政的留心学者，记起了这些情形，可能会问道：宪法的制定人怎能指望战胜那些从前阻挠清偿债务的敌对经济势力？答复是简单的。根据《邦联条款》，国会没有直接举征租税的权力；它只能向各州议会提出要求。多数州的收入多半依赖直接税，国会的要求总是遭到了坚决的抵制。然而，在新制度下，国会可自行负责有权征税；但是很显然，宪法制定者的用意还是要把国家的负担实际上完全加在消费者身上。关于依照人口平均分摊直接税的规定，显然表示直接税只是一种最后的手段，只有在间接税不能达到必要的收入时，才来运用的。

汉密尔顿曾以他一贯的精明，宽慰那些不动产所有者和财产所有者，说不会要求他们按照他们的财产比例缴纳租税，以支持全国政府。经验证明，直接税不能征收到很大数目的。即使在政府的财力十分雄厚的国家，如英国，主要的收入还是靠间接税。农民的钱袋“在征收不欢迎的宅地的赋税时，是不乐意拿出来的，而且数量也不多；而动产则是难以捉摸的，也只能以消费税的无形方式加以课征”。保证不动产和动产免予邦联时期的国会曾经企图课在他们身上的那种负担。所以在新制度下的租税将会比旧制度下的租税少了许多麻烦。

2. 其次，国会拥有全权建立而且维持海陆军，以抵御国外国内的敌人。海陆军依法由总统统率，同时为防卫各州使“绝望的债务人”如谢司之流不致再叛乱起见，合众国保证各州保持共和的政府形式,并允许在特定当局邀请之下协助平息内乱。

《联邦党人文集》的作者们把海陆军视为真实的经济手段。他们认为贸易是国际战争的基本原因;内乱则起因于社会内部的阶级冲突。杰伊说道,“一般说来,国家如果企图获得什么,它们就会从事战争的”;显而易见,合众国如果分裂,它就会轻易地成为邻邦和敌国的牺牲。

其他国家分明牺牲美国以获得物质的利益,而美国就不得不遭受侵略。法国和英国在渔业上感到我们竞争的压力;他们以及欧洲的其他国家在海运方面却是我们的敌手;我们对中国的自由通航,妨碍了别国的垄断;西班牙曾想在一边封锁密西西比河,而英国却想在另一边封锁圣劳伦斯河。我们的产品价廉物美,将会引起他们的嫉妒,我们的商人的进取和殷勤也不合欧洲国家的趣味或政策。但是他补充说:“如果他们看到我们的全国政府政令修明,我们的商务调节有度,我们的民兵组织严密、训练有素,我们的资源和财政处理得当,我们的信誉重新建立,我们的人民自由、乐业而且团结一致,他们就会转而培养同我们的友谊,而不是煽起我们的怨恨。”

所有欧洲的列强都不能战胜我们。“在一个强有力的全国政府下,国家的自然的力量和资源都用以营谋共同的利益,这就可以打破欧洲人由于嫉妒而想我们发展的一切联合。……于是,基于道义的和物质的必要,将会出现一种活跃的商业与庞大的航业。我们应该摆脱小政客的小手腕,控制或改变不可抗衡的和不可改变的自然过程。”在不团结的现状下,我们的贸易利益被夺走了;我们的商业萧条了;贫困的威胁遍及全国,可以与世界的富庶相对照。

海陆军不仅是保卫美国抵御别国的商业和领土野心的工具；而且也可以用来强迫开放国外的市场。歧视性的关税与航海法不能达到的目的，用刀剑可以达到。《联邦党人文集》的作者们不曾想到后来华盛顿在《告别演说》中提出的中庸无害的孤立政策。相反，他们并不希望美国改变人的本性，使美国的商业阶级收敛野心，而要像别国的商人那样扩展他们的贸易范围。一支强大的海军可以使欧洲各国肃然起敬。“毫无疑问，如果我们在一个有效率的政府下面继续团结，那么在不久的将来，用我们自己的能力建立一支海军，其力量即使不能同强大的海军强国相匹敌，至少可以在斗争双方之间成为举足轻重的势力……及时派出几只军舰增援任何一方，往往可以决定一次战役的命运。在这一点上，我们占了最优越的地位。此外，加上在西印度群岛从事军事行动时从本国供应的好处，我们不难看出一个有利的形势，可以让我有利地争取商业的利益。他们不但要出价购买我们的友谊，而且也要购买我们的中立。由于逐渐依附美国，我们可以希望我们不久就会变为在美洲的欧洲仲裁者，而且能够在必要时阻遏欧洲在这里的竞争力量。”

关于各州内部的阶级战争的危险，《联邦党人文集》的作者们并不以为必须加以详细的说明：最近的新英格兰事件已够使大家明白了。汉密尔顿说，“马萨诸塞州刚刚过去的暴动情形，说明这一类的危险并非偶然；如果那些反政府分子由一个恺撒或克伦威尔领导起来，谁敢断言马萨诸塞州事件会产生怎样的结果呢”。在这样的危急之时，一支强大的联邦武力一定会有用的。

《联邦党人文集》的作者们也不曾忘记就奴隶主对于奴隶暴动的本能的恐怖提出呼吁。麦迪逊的利益当然与此相关，他懂得十分透彻。在谈到暴乱的危险时他说："我并不注意布满某些州的一种不愉快的人类。他们在政治稳定之时沉沦在人类的水准以下；但是在内乱的纷乱局面下，他们却会混进人群里面，给他们的同党提供一种强大的力量。"

3. 在举征租税与建立并维持海陆军的权力之外，宪法还授权国会全权统制对外与州际贸易，有权制定保护的和区别对待的法律以维护美国的利益，并且扫除全美国的自由贸易的障碍。一句简单的词句反映出都市和新兴制造业中心的经济利益集团的强烈要求。商业和制造业利益集团用一些简单的词汇写出了他们的法律目的。为了换取他们的胜利，他们对南方的蓄奴种植园主作了重大的让步。

汉密尔顿在《联邦党人文集》中论及商业时，并未忽视州际贸易和往来。他指出，在全国实行自由贸易将如何相互有利，如何使商业经营完全改观，而且在当地市场不振的时候提供远地的市场，从而使商业不致陷于停滞。他得出结论说，"具有眼力的商人立即会看到这些意见的力量，并且承认美国商业打成一片比十三州的不相联合或仅有部分的联合更为有利"。

4. 另有一个重大的经济矛盾表现在一次争论上，即授权国会处置各边区的领土并制定各边区的政府及加入联邦的规定。在这一次争论中，领有边区领土的各州的利益首当其冲；宪法上关于这一项的规定用词含糊，大概就是由于他们的争论不能获得一个明确的结论。那些首脑人物都愿意把土地问题留待新政府实现之后再作适当处理；他们在估计他们将来的政治力量上，是正确的。

赋予新政府的重大权力是：租税、战争、商业管理与处理西部的土地。通过这些权力，公债可以获得充分的清偿，国内的和平可以维持，同外国来往可以得到好处，工业得到了保护，领土的开拓可以全力以赴。其他的权力都是微不足道的，无须在这里加以研究。存在于宪法制定者的脑海里面的默契的权力，也不必加以探究；它们早已成为法学研究的课题了。

宪法赋予国会的权力，没有一项是可以允许直接侵犯财产的。联邦政府也没有授予限制财产的权力。它可以征税，但是间接税必须是一定不变的，这种租税要落在消费者的身上。可以征收直接税，但是除非在非常时期这种租税实际上是不能实现的，因为宪法上已经规定，这项租税必须按人口分摊——这样就不能把负担转嫁在积累的财富上面。过了几年以后，奴隶贸易的确可以取消，但是奴隶制度作为一种社会制度，却比从前更有保证了。

甚至连废除奴隶贸易也还有经济基础，虽然当时大家都是满口的仁义道德。在北方，奴隶制度虽然到处存在，却没有什么经济效果，所以大家都不难对不幸的黑人表示同情。马里兰和弗吉尼亚早已感到奴隶过剩，超过了土地和资本的需要限度，也早已禁止奴隶的国际贸易了，因为那些操纵议会的奴隶主不愿意看到自己的奴隶价值由于输入过多而跌落到近乎一文不值。相反，南卡罗来纳和佐治亚，由于种稻田的奴隶的死亡率和邻近疆土的开发都需要大量增加奴隶，却要求开放奴隶贸易。

南卡罗来纳尤为坚决，并且要北方的代表理解：如果他们要想获得商业上的利益，他们就得对奴隶贸易表示让步。他们得到了一种折中的办法。埃尔斯沃思说，“在弗吉尼亚和马里兰，奴隶增加得很快，因而让奴隶繁殖比输入奴隶更为合算；但是在疾病频仍的稻田区域，从国外输入奴隶却是必需的。如果我们无视他们的需要，我们对于南卡罗来纳和佐治亚就不免不公。我们可以不管这些闲事。随着人口的增加，由于贫苦的劳动者日益繁多，会使奴隶成为无用之物”。

平克尼将军以卑劣的偏袒态度，嘲笑弗吉尼亚的代表，因为他们有的也反对奴隶制度和输入奴隶。“南卡罗来纳和佐治亚没有奴隶是不行的。至于弗吉尼亚，它会从禁止奴隶的输入方面得到好处。它的奴隶可以涨价，而且它还有过剩的奴隶。要求南卡罗来纳和佐治亚按照这样不平等的条件联合，那是不公平的。”

三、加于各州议会的限制

加于各州的限制，对于动产来说和授权国会征税、建军和管理商业同样重要。麦迪逊曾经指出，在创立宪法的各种势力当中，最活跃的一种势力就是那些要求议会不能具有无上权威的财产利益集团。

麦迪逊在 1787 年 8 月致杰斐逊的信中曾详细论述联邦司法控制各州立法机关的原则，并且解释这种新制度同宪法中对于影响私人权利的法律的限制的重要关系。他说，“各州法律的变动无常，实为一种严重的祸害。这些法律的不公屡见不鲜，而且昭然若揭，足以使最坚定的共和主义的朋友感到寒心。我深信，我可以确切地说，来自这些方面的弊端更多地促成了产生这次制宪会议并为全盘改革作了广泛的思想准备的那些忧虑，而不是由于邦联没有充分实现自己的直接目标而自然产生的全国情势和影响”。所以，没有规定私人权利的改革，必然有实质上的缺陷。

动产的主要要求表现在两项规定上：禁止发行纸币和禁止各州破坏契约义务。第一项规定同时要求合众国的金币和银币将成为法币，意即恢复硬币制。谢司党人和他们的纸币党徒从前曾以合法的贬值手段侵害动产的权利，而今他们却永远被压服下去，而放债人和证券持有者则可以确保他们的活动了。契约受到了保障。从事公私金融活动的人们，都知道州议会并不能在一举手之间破坏双方同意的规定。

这两个简单的句子表达了一个重要的原则。它们扼要地说明了从革命到立宪之间的各州的经济历史。它们诉诸每一个放债人、每一个纸币持有者和每一个动产受到威胁的人。这两项禁制所反映的重大经济意义，只有研究了革命以后的美国的均田主义的人们才能了解。在这里，动产在 1787 年至 1788 年的斗争中获得了伟大的胜利。

为了拥护这两项规定，《联邦党人文集》的作者曾发表了一些谠论。“自从和平以后，由于纸币对于人与人的必要信用所起的恶劣影响，对于议会的信用所起的恶劣影响，对于人民的勤勉与道德所起的恶劣影响，以及对于共和政府的声望所起的恶劣影响，美国曾受了重大的损失。这种损失可以算是采取这种不良政策的各州的难以补偿的过失甚至罪过，只有自愿地在正义的祭坛上牺牲从前借以作恶的权力，才可洗脱这些罪过。”关于契约的条文，即“对于个人安全和私人权利的更进一步的保障”，麦迪逊相信“美国的良善人民对于支配地方会议的反复无常的政策”感到厌恶，因而欢迎发动一次改革，借以“鼓舞大家的节俭和勤奋，使社会事业走上正轨”。

汉密尔顿曾一再强调应在宪法上规定关于契约的条款。他在1790年5月29日致华盛顿的信中写道：“在比较开明的人士看来，这在宪法上并非无足轻重的一项。各州议会对于私人契约的妄加干涉，业已使许多人受到损害而且加以严重的诅咒；宪法如果规定了一项保障，必会受到这些人们的热烈拥护。”

关于契约义务的规定，在当时的出版物上面曾有一次不小的辩论；毫无疑问，许多宪法的拥护者都认为这是对于纸币和延缓履行契约义务的法律的进一步的保障。在1787年11月3日的《新罕布什尔观察报》上，一位作者在向读者解释新政府的机构时，特别强调了这项规定：“它还明白禁止某些州变更或损害契约义务的法律。由此可以确信，任何契约都可以完全履行，否则可以要求赔偿。”

当时还有一位作家则以更有力的笔法拥护同一原则。“同胞们，魔鬼就藏在你们当中。尽量地印制纸币吧。把它作为将来契约的保证，或者让它保持自己的信用——但是要记住，过去的契约都是神圣的，议会并没有权力干涉它们。他们无权说，债务将折扣偿还，或者用各方不愿采用的方式偿还。……用价值低微的纸币或以衰老的马匹代替现金，以履行诚意的契约，这在个人将是一种不诚实的打算。但是议会制定支持鼓励这些可憎的不道德行为的法律，就像一个在法庭的席位上为一个无赖的武器题词的法官一样。”

大法官马歇尔无疑要比当时任何人物都更了解关于契约义务

条款的意义。他曾在本州积极参加立宪运动，长期深入研究当时的历史，写出了《华盛顿生平》一书，为联邦主义进行了出色的辩护。他不止一次应用这个条文，并以当时联邦派的观点，解释反映在这个条文上面的根深柢固的社会矛盾。晚年，当他看到这项规定在各州议会受到了杰克逊派的民主主义的攻击，看到最高法院放弃了他从前采取的立场，他提出警告和抗议，议论的有力和动人，犹如他从前以法院名义发表的谠论。

在 1827 年 1 月开庭期间判决的奥格登对桑德斯的讼案中，最高法院不得不对下面的争论作出判断："在破产法通过之后形成的契约，应用破产法，是否破坏了这些契约的义务？"新派法官、华盛顿、约翰逊、特林布尔和汤普森等人都认为这项法律没有破坏契约的义务，而且是有效的。马歇尔、杜瓦尔和斯托里则表示反对。最高法官认为契约上的义务基于契约本身，无论如何不能为外在的法律所变更。因而，显然是，妨害将来的契约义务的立法，正如侵犯已订契约义务的立法一样，都是违反宪法的。换句话说，马歇尔要比最高法院的法官更能了解宪法制定者的意图，他相信他们的意旨就是要法院禁止一切妨害动产的立法——也就是说，它的性质和第十四条修正案的程序条款是一样的。

在论及关于契约的条文时，他极为严肃地说："我们不知道第一条第十款的重要意义，就不能回顾当时的历史。那时，由全民的制宪代表的集会展示了庄严的场面，为了把十三个独立的主权实体统一在一个政府治下，为了联合的目的，这也许是必须的。变更债务人与债权人的相互关系的权力，干预契约的权力，触及了所有人们的利益，而且统制了每一个人在他以为可以独自处理的事情上的行为;这种权力当时曾被各州滥用到这样的程度,以致干涉到社会的正常往来,并且破坏了人与人的一切信用。这种错误如此严重,如此惊人,不仅破坏了商业来往,威胁了信用的存在,而且侵犯了人民的道德,破坏了私人信誉的尊严。阻止这种邪恶的蔓延,就是这个伟大社会的圣明睿智的目的,也是大家希望从政体的改革中得到的重大的益处。”

国际政治的经济学

《联邦党人文集》的作者还把作为他们的国内政治理论基础的经济矛盾观念,应用于国际政治方面。虽然君主的野心往往成为国际冲突的原因,而现代的战争却主要起因于商业竞争。汉密尔顿问道:“迄今为止,商业除了改变战争的目的以外还做了些什么呢?对财富的热爱,对权力和光荣的热爱不都是一样的凌驾一切和富于进取的热情么?自从商业在各国盛行以来,许多战争不都是基于商业的动机,有如从前基于领土的争夺一样么?商业精神在许多情况下不是已经成了彼此欲望的新刺激么?”让历史来回答这个问题吧。迦太基是一个商业国家,直至亡国始终是战争中的侵略者。荷兰与英国的斗争在于争夺海上的霸权。多年以来,商业就已经成为英国的主要活动,因而英国常常从事战争。甚至哈布斯堡与波旁两系皇室的各次战争,大半也都由于商业上的利害。

在举世孜孜从事商业利益竞争的时代,美国自难变成一个不抵抗国家和一个袖手旁观者。即使美国以和平的政策立国,它也不能克服对于野心敌国的疑惧。所以结成联邦才有力量抵御侵略,协同进取。再者,联邦也更能和睦地解决争端,因为它有更大的力量。由一个强大团结的国家提出的声明、道歉或赔偿，往往会为人家满意地接受。由一个弱小的国家提出，却会遭到拒绝而认为不能满意。

《联邦党人文集》的作者从国外战争的物质原因转而说到各州的独立也可能有发生冲突的危险。内部的冲突会怎样产生呢？北方可能变得强大而且可怕，企图劫掠南方。杰伊说，这也不算"是一种鲁莽的推断，小蜜蜂总是愿意在更可爱的邻境的比较繁荣的园圃里和比较温和的气候里采蜜的"。

如果几个邦联取代了联邦的地位，那么外国便可以在各州里面散播不和的种子。什么是不和的种子呢？杰伊说："每一个在拟议中的邦联成员都会同别国分别订立商约。因为它们的产品不同，各有特殊的市场，这些商约也一定大有差异。"条约必须服从最大的经济压力的规律。他继续说道："不同的商业关系必然产生不同的利害，从而必然和不同的外国发生程度不同的政治上的依附或联系。政治上依附的程度也是服从于最大经济压力的规律。如果这些外国一旦火并起来了，那么它们在美洲的盟国也很可能被卷进冲突的漩涡。这样，各州就会间接因为它们同别国的物质联系，而发生内部不和。"

不过自相残杀的战争更可能发自内在的种种原因。汉密尔顿问道："这种冲突的真正原因何在呢？原因是很多的：争权夺利、争取平等和安全以及领袖们的野心。这不是已经屡见不鲜么？一时的冲动与直接的利益，比一般的遥远的政策考虑、人类幸福或正义，不是更能支配人类的行为么？……迄今为止，商业除了改变战争的目的以外，还做了些什么呢？对财富的热爱，对权力和光荣的热爱，不都是一样的凌驾一切和富于进取的热情么？自从商业在各国盛行以来，许多战争不都基于商业的动机，有如从前基于领土的争夺一样么？”

像《联邦党人文集》的作者们这样的敏锐的观察者，当然不会抹杀君主的个人野心曾是战争的一种原因，个人的争夺领导的欲望曾是内乱的一种根源。但是他们很快又补充说，扩大和维持他们的特殊家族，也是引导君主发动征服战争的动机之一。对内乱中的个人因素，汉密尔顿则表示怀疑：“如果谢司不是一个绝望的债务人”，马萨诸塞州当时是否会陷于内战。

汉密尔顿论述了经济动机影响个人的因素问题之后，又研究了假使不建立一个拥有实际权力的联邦，各州之间发生战争的更可能的原因是什么。他列举如下：

1.“领土纠纷始终是国家间最主要的冲突原因之一。”某些州在西部的领土上都有一份利益，“鉴往知来，我们不难预料总有一天它们会诉诸武力，作为它们的分歧的仲裁者”。

2.“商业竞争可能称为冲突的第二种有力的原因。”每一州都会遵循一种增进自身利益的政策。成为美国商人特色的企业精神，绝对不肯炫示自己的落后。“这种不羁的精神一定会极力拥护各州订立单独对本州公民有利的商业条例。”这种经济动机大有可能蔑视州际的礼让与对国际法的尊重。然而，还不仅如此，汉密尔顿着重地说道，“我们一定会立即指斥这些行动是一种危害，其实这些却都是独立的主权国家顾全自身利益的合理行为”。商业并不尊重其他民族保障自身利益的权利，它把阻碍它进取的一切事物都叫做“危害”。

3.“邦联的公债也可以成为个别州或几个邦联成员之间的冲突原因。”某些州可能反对清偿债务。为什么？因为它们“对国家信用的重要性印象不深，或者因为它们的公民在这个问题上仅有些微的直接利害关系”。但是其他州，“它们有许多公民都是公债的持有人，一定会要求获致一种公平有效的办法”。换句话说：利益没有遭受威胁的公民，会漠不关心；而利益遭受损失的公民却会一致哗然。列强也可能加以干涉，“外患与内争的交迫”是不可预料的。

4.“破坏私人契约的法律，如果使他州公民遭受损害，从而侵犯这些州的权利，也可以成为冲突的原因。”如果没有较高的权力加以节制，各州议会就会侵犯私人的财产权利，这不是早有很多先例证明了么？不是也早有一种报复精神么？“我们可以合理地推断，在另一种环境下，类似的情形便可以引起一场战争，不是笔墨的战争，而是刀剑的战争，借以维持道德的义务和社会的正义。”

如果不能组成一个巩固的联邦，这里的四种主要原因——领土、商业、国债和契约上的财产权利的破坏，都可以引起各州之间的冲突。可以想象，这些原因都是严格的经济原因。

详细论述宪法的经济解释的理论需要巨大的篇幅，这绝不是本书所能胜任的。不过以上的叙述已足以证明，把宪法视为一种抽象的法律，没有反映派别的利害，没有承认经济的矛盾，则是一种完全错误的观念。它是一群财产利益直接遭受威胁的人们，以十分高明的手段写下的经济文献，而且直接地、正确地诉诸全国的一般利害与共的集团。

第七章　制宪会议代表的政治学说

我们已经根据《联邦党人文集》的权威解释，探讨了宪法的经济含义，现在我们将进而研究一般的会议代表在政治学上的观点是否一致。从事这种研究，困难很多。并非所有的代表，甚至并非所有最有影响的代表，都是演说家、作家或哲学家。他们都是深入实践的人物，树立了真实的功绩，但是政治学家却不能从中看出他们的活动的详情。因而过分概括的论断并非适宜，本书仍采用依照各代表姓氏的字母次序分别予以说明的方法。本书所说的各个代表的主张，均有充分的文献作根据。

十八世纪的政治学界和政治哲学界的权威并不避免坦白承认阶级的权利，他们无须掩饰——最少不到现代的党派作家的程度——表现在立法上的主要的经济矛盾。由于对无产者权利的剥夺，他们的明确的思想大为发展，使那些政论家不必向无产阶级说教，不必把统治集团的利益说成“大众的政策”。

在十八世纪的美国政治学家的著作中，当然不会像封建法学家那样分明地承认阶级权利，因为在参加政府的各有产利益集团里，也还有畛域之分，那是应该加以弥合的。再者，当时被剥夺了公民权的人民也有不平的窃窃私语，这种运动后来爆发起来，终于消灭了选民的财产限制，实现了政治上的平等主义。在这样的环境下，宪法拥护者在发表他们的思想时，不能不多少有所顾忌。但是这倒是科学的幸运：在起草宪法时，费城的会议都是秘密进行的，因而各个代表尽可以毫无忌讳地讨论他们希望达到的政治经济的目的。尤其幸福的，会议的记录还剩下一些断简残篇流传下来，而且经法兰德教授合订起来了。

亚伯拉罕·鲍德温　佐治亚代表。他在会议上，对政府问题并未发表过长篇的议论，所以留下的书面记录甚少。但是在7月29日的辩论中，他提出了自己的主张，认为合众国参议院应该代表有产者。最初是埃尔斯沃思提议"第二院的投票规则应照《邦联条款》的规定"。鲍德温立即表示反对，他说，"他认为第二院应该代表财产，因而在成立时应该考虑选民的有关财产和马萨诸塞州参议院的组织原则"。当时马萨诸塞州参议院是根据特殊的不动产和动产的资格建立的，各地区按它们缴纳租税的总额选派代表。显而易见，鲍德温希望新政府的参院应该直言无讳地以财产作为基础。

冈宁·贝德福德　特拉华代表。他不大参加会议的辩论，虽然他也在宪法上签了名字，但有些记载似可说明他主张制定一部比最后通过的更加民主的宪法。这种论断系基于他反对由行政官员和几个法官组成一个复审机关，行使对国会的监察权。麦迪逊的记载说："贝德福德先生反对对立法机关加以任何的限制，甚至反对最初提出的复审会议。他以为在宪法上规定立法机关的职权已经够了，这就可以充分保证其他部门的权力。人民的代表是人民利益的最好的判断者，绝对不应加以另外的控制。两院在国会里面可以充分地互相控制了。”

雅各布·布鲁姆　他是主张延长官员的任期，借以“减轻政府依赖人民”的人；他附议里德的把参议员的任期延长至九年的提案。他反对行政官由人民普选，而且拥护卢瑟·马丁的主张，赞成由各州议会指定的选举人举行选举；他希望行政官如无过失，可终身任职；他赞成国会应有否决州议会决议的权力。布鲁姆在制宪会议上很少发言，然而毫无疑问，他主张一种有限制的“不偏不倚的”民主。

皮尔斯·巴特勒　南卡罗来纳代表。他一再要求财产至少应作为代表名额分配的条件之一。6 月 6 日，查尔斯·平克尼提议国会的下院应由各州议会选举，不应由人民选举。巴特勒当时表示“在代表的名额分配未曾确定之前，我反对决定选举的方式——如果代表的分配是按照有利于人口和财富的原则，我赞成和特拉华(里德先生)站在一起，取消州议会，建立一个国家以代替邦联”。在讨论参议院问题时，“他主张第二院应照各州的财产，代表各州”。后来在制宪会议的各次会议上，他再次“热烈地主张根据财产分配代表的名额，以为这是正义的和必要的”。他也特别关怀奴隶财产，他说，“南方各州需要的保证，就是他们的黑奴不会被别人带走。”

丹尼尔·卡罗尔　主张普选行政官，但是他主张以国会的四分之三的投票拒绝行政官的否决。卡罗尔在会议上并未发挥任何谠论，所以即使他也有“政治学”的体系，而他的“政治学”却不曾明白地表现在记录上。

乔治·克莱默　他所持的政治主张就是当时联邦党人的共同

主张。他认为,“人民选出代表,是要他为选民思考,而不是同选民一起思考;”所以在他的任期里,“当选民的意见不合他思想上的成熟决定时,他便完全无视他们的意见。”基于这项原则,他才“热烈反对在宪法上加上这样的条款:给予人民对自己的代表发出指示的不容剥夺的权利”。

戴维　他虽然以有造诣的演说家而负盛名,但是麦迪逊的笔记上却不大提到他。他从未发表政治理论。他的观点始终是现实的。对按比例计算奴隶的提案,他向制宪会议提出挑战,宣称如果不是五作三计算,南卡罗来纳就不会参加联邦。关于政府的基础,戴维“似乎主张第二院应该代表财富或财产,第一院代表人数”。

戴维完全明白关于契约义务的条款的重要,它的用意在于限制人民议会侵犯私人的财产权,尤其是动产权。他说:“这一条款是宪法里面最好的条款。它是建立在最坚强的正义原则上的。我认为就是这一款才使这部宪法成为这个国家钟爱的宪法。”戴维无疑地理解而且赞成亚当斯在《保卫美国宪法》中所发挥的在政治上的阶级平衡主义。

戴维似乎从不争取本州人民的拥戴。有一位作者提到他在1798年竞选议员一事时说道:“一批‘真正自由派’——照他们自己的称呼——在橡树底下聚餐,而且为杰斐逊先生祝福。另外一派,即所谓‘贵族派’,则在大厦里面吃喝。戴维将军和‘贵族派’一起。‘真正自由派’不满意他的这种举动,同时决定反对他当选。后来经过了多番的解释之后,他们才安静下来……如果有谁冒昧地对这次选举表示异议,戴维将军一定不会当选的。下等人民到处都占了多数,他们会反对他的。”

约翰·迪金森　特拉华代表。他公然参加直言信仰君主政治的少数派。他曾经拒绝在《独立宣言》上签名，他参加革命实在是出于勉强。在6月2日制宪会议开幕那天，他便表示他希望建立一个王国政府，虽然他也承认美国的现状并不允许成立这样的政府。麦迪逊记载说："他认为有节制的君主政治是世界上最好的政治制度之一。我们不能断言，其他形式的政府可以导致同样的幸福。我们可以断言，任何形式的共和政府还没有得到同样的福利。然而，有节制的君主政治却是不成问题的。"

迪金森也主张对选民加以财产限制，因此除此以外再不能使政府的基础臻于安全。根据麦迪逊的记载，在8月7日辩论这个问题时，"迪金森先生提出一种十分不同的意见，主张把选举权交给国内的不动产所有者。他认为，他们是自由的最好防卫者。把选举权交给他们实为一种必要的措施，从而避免无财产、无操守的群众的危险影响，这种群众，在我们的国家里，将有一天也会像在其他国家一样，充斥起来的。至于这种改革的不孚众望，他却认为是不会的。这个时候，我们的公民大都是不动产所有者，他们会欢迎这种办法的"。

据金的记载说："迪金森——有人说在宪法上规定选举的权利限于不动产所有者，便是走上地主政治的一步——这对么？不对的。——信任我们的土地所有者——国家的所有者——我们是安全的。——这不会不孚众望——因为不动产所有者在今天人数最多——对自由政府的威胁不是来自不动产所有者，而是来自那些不是不动产者所有者——这里并没有危险——因为我们的法律主张划分财产——不动产将掌在全国富人的手里——商人和工匠是安全的——他们可以成为不动产所有者，此外他们在各州议会里还有代表，各州议会可以选举合众国的参议院。”

奥利弗·埃尔斯沃思　在制宪会议上，再没有人比埃尔斯沃思更不信任“平等民主”了。后来他担任大法官，曾在法庭上公然谴责杰斐逊和法国派为“流血的无政府主义和无神论的信徒”。在会议上，他反对普选总统，并且主张法官和总统对国会的立法共同行使否决权。他主张选举权应限于纳税的人。他热烈主张司法的控制权。他充分了解这种制度的政治意义。

托马斯·菲茨西蒙斯　他是宾夕法尼亚的富商和证券经纪人，不擅辞令而长于行动，为一实践的人物，所以在会议记录上未曾发现他的长篇大论。8 月 7 日，古纳沃·莫利斯提议投票权应限于不动产所有者时，菲茨西蒙斯对此未加任何说明就表示附议。他同意把宪法公然奠立在财产的基础上面，尤其主张保护制造业和改善港口。

本杰明·富兰克林　制宪会议举行时，他年事已高，在宪法的制定上，他没有起多少作用。他似乎对于民主的前途比任何代表都更有信心。他主张一院制，反对总统的绝对否决权，反对对选民加以财产限制。宪法制定后，他签了字，但是他被同辈当作怀疑者之一，并被宾夕法尼亚州反对批准宪法的一派推为出席该州批准宪法会议的代表候选人，可是竞选失败了。

埃尔布里奇·格里　马萨诸塞州代表。他曾积极参加制宪会议的辩论。他的一般政治观点可见于他 5 月 31 日的演讲，他表示自己不同意下院议员由人民投票选举。他说，“我们经历的弊端，都是由于过分的民主。人民并不缺乏智慧，然而却容易受骗。在马萨诸塞州，事实证明他们总是被阴谋家散布的谣言所惑，从而采取最有害的行动和主张。主要的弊端就是官员没有适当的待遇。这似乎是过分的民主就是要使公仆挨饿。”他指出，马萨诸塞州的舆论总是叫嚷着要求减低薪俸，而且攻击州长的薪俸。他说，他从前曾是极端的共和主义者，现在他还是一个共和主义者，然而他已经得到了经验教训，知道了“平等精神”的危险。

当讨论参议员必须由州议会选举一案时，“格里先生坚持说，商业的和货币的利益，在州议会的控制下，远比在普通人民控制下安全得多。州议会更有责任感，它可以限制不公的现象发生。人民拥护纸币，而各州议会则反对纸币。在马萨诸塞，县议会曾表示希望贬低自行贬值的纸币。此外，在各州议会里往往分成两派，一派大半是地主。所以，这就有一个更好的精选机会”。

尼古拉斯·基尔曼　他在气质和利害上都算是一个务实人物，他关心公债的稳定与西部的开发计划，而不甚注重政治理论。根据麦迪逊的记载说，他似乎在会议上没有发表过任何意见。

纳撒内尔·戈勒姆　反对对选民加以财产限制，也反对法官和总统共同行使否决权。关于否决权问题，他表示，“大家都同意必须对立法加以限制。但是这里有两种理由，不能让法官享受这种权力。第一，法官应当不以自身的偏见解释法律；第二，因为法官占了多数，而总统势必没有进行控制的权力，他不但不能自卫，而法官且可以牺牲他。”

亚历山大·汉密尔顿　他十分推崇英国的宪法。他说，“贵族院是一种高贵的机关。他们并不希望在变革上得到好处，并以他们的富足财产忠于国家的利益，从而他们成了一道稳固的屏障，防止王室或平民企图从事有害的变革。”他那深思熟虑的政治制度无疑可以归结为如下几句话：“所有社会都分成了少数派和多数派。少数派包括富人和出身名门之士，多数派包括人民大众。人民的呼声向来就被说成是上帝的呼声，然而，尽管人家引用而且信奉这一格言，事实上这并不是真理。人民总是扰攘不安的；他们很少判断或正确做出决定。因而应该使少数阶级在政治上享受特殊的永久的地位。他们可以阻止多数阶级的骚动，同时因为他们不能在变革上获得利益，他们可以始终维持政治的修明。我们能够希望年年跟着人民大众打转的民主国会会切实地促进公共的福利么？只有一个稳固的机构才能够阻止民主的冒失表现……谁都承认，在民主的计划里不会有一个完善的行政机构。”汉密尔顿基于这些原则，提出了一项政府的组织方案：政府设一议会，议员每三年由人民投票普选；设参议院，参议员由选民选出的选举人选举，任期终身，或由于表现良好而继续任职；设总统，其选举方法与任期同上。会议没有采纳他的计划，因而他对于宪法的稳定性和持久性颇表怀疑。

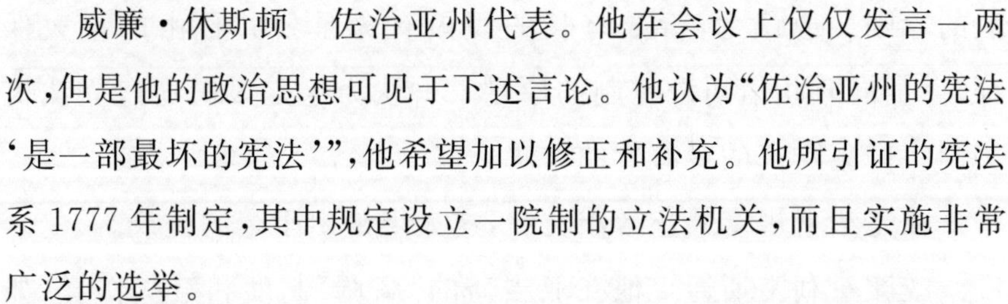

威廉·休斯顿　佐治亚州代表。他在会议上仅仅发言一两次，但是他的政治思想可见于下述言论。他认为“佐治亚州的宪法‘是一部最坏的宪法’”，他希望加以修正和补充。他所引证的宪法系 1777 年制定，其中规定设立一院制的立法机关，而且实施非常广泛的选举。

贾雷德·英格索尔　他虽然是一个卓越的学者和律师，似乎却不曾参加制宪会议上的任何辩论。不过我们却也知道一点他的政治主张。虽然他在 1778 年移居费城时曾和里德密切合作，他却始终没有接受体现在1776年该州州宪上的极端民主的原则。他的传记作者在叙述他出席会议一事之后说道,“我不知道他曾在任何大众性的或有代表性机构里占有或争取一个地位。他是所谓政治上的保守分子。换句话说,他对于一度适当地确立下来的一切,不愿加以改变,他所赞同的政治结构也不是民主的。在1801年的大变革之后,他却站在多数派的一边,这在宾夕法尼亚州是不可多见的。他以倾向于反对派而出名,所以他于1812年被该州选为美国副总统选举人,以对抗麦迪逊派”。

鲁甫斯·金　他完全了解一个不受“人民狂想”支配而又享有多种权力的均权政府的意义。他主张延长总统的任期。在制宪会议上,他谈到行政部门时,“表示他认为极端注重自由,势将减弱我们所要建立的政府。他希望大家考虑一个基本的原理,即政府的三大部门必须分立:行政与司法部门也应该分立,一如立法部门一样;行政部门与司法部门应该彼此分立。……行政首长在职期间应不受弹劾;倘有失职,可以设立一独立的特别法庭加以审理,但决不能由立法机关加以弹劾,因为这将破坏行政首长的独立与宪法的原则。他认为,行政首长的积极有为是公共自由的重大保证”。金同时相信司法控制的原则——认为这是人民通过立法机关制止侵犯财产的最有效的方法。

在宪法上规定禁止干涉契约,这大半是出于金的提议。

威廉·利文斯通　他在亚当斯的“高调”制度和某些作者(如宾夕法尼亚的“森提内尔”)的简单民主之间,采取中间立场。他直斥“保卫宪法”为“邪说”和“妄自菲薄,承认人都不能自己管理自己”。但是对于主张以立法机关的多数建立一个简单的民主政府的反对派，他同样地表示不耐烦。“一个民族或一个国家的自由保证，完全寄托在一种有适当权力的代表人物上。政府的各项权力必须这样分配，结果没有一个人或一个机关可以在里面享有超出必需的权力……人民在以往和以后都不宜于直接行使权力；他们必须把权力委托于一个机关……但是根据经验，仅有单一的议院的代议政府，在某种程度上的不方便情况和纯粹的民主是一样的；少数领袖人物可以影响多数，通过一些不为公共福利而徒逞个人谬见的法律。为要防止这种弊端，必须增设另一个立法机关：这两个分立的机关彼此互相钳制；但是这种补救还不是一定完全有效。如果两个分立的议会所享有的立法权力漫无控制，它们势将侵犯行政和司法的权力。……再者，因为一切人民政府往往多少有所偏颇，所以必须将钳制的权力置于不直接仰承人民鼻息的权力机关手中，以防止盲目的感情和怨恨的偏见可能造成的错误。因此，行政与司法机关应该赋予钳制立法机关的权力；同时它们应该尽可能地独立，俾能充分行使这种权力。我们的政府成立以来虽然为时很短，但是立法机关权力过大所造成的危险却已屡见不鲜了。因而，行政和司法机关绝对需要握有否决的权力，以防止立法机关的侵犯。”利文斯通认为在费城起草的宪法有不少严重的缺点，主张加以修改。他认为总统应享有委派权，不受参院的控制；他认为大法官应为终身职，而且有权委派僚属；他并且主张总统、大法官和一位财政监督应组织一个会议，复审国会的立法。

詹姆斯·麦克勒格　弗吉尼亚代表。他在 8 月初便离开了会议；在会议上，他对大多数问题保持缄默。在 7 月 17 日，他曾建议总统的任期应从七年改为“行为正当”；他特别希望总统对立法机

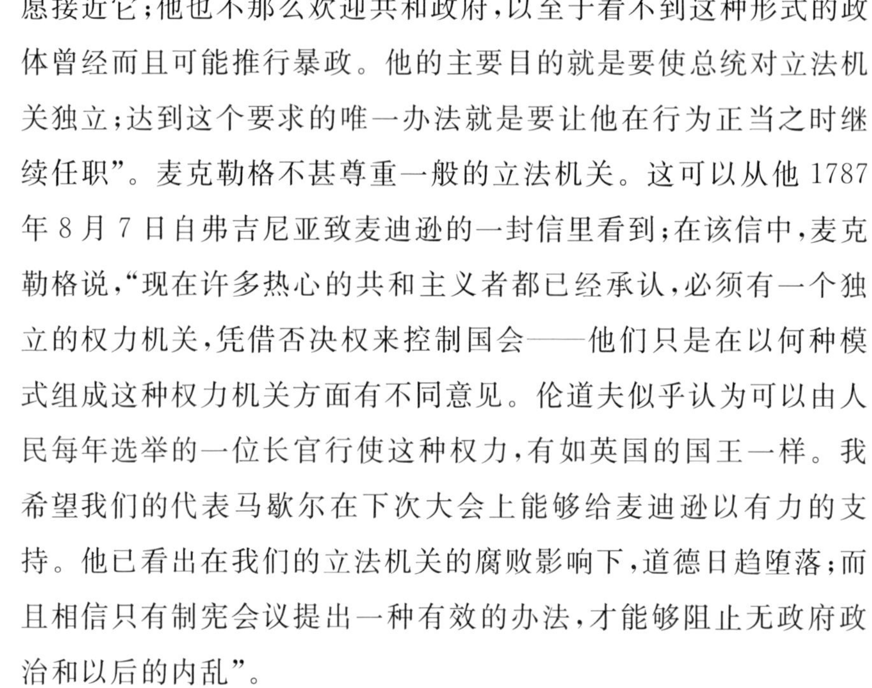

关独立。他说，他自己“并不那么害怕君主政治的阴影，以至于不愿接近它；他也不那么欢迎共和政府，以至于看不到这种形式的政体曾经而且可能推行暴政。他的主要目的就是要使总统对立法机关独立；达到这个要求的唯一办法就是要让他在行为正当之时继续任职”。麦克勒格不甚尊重一般的立法机关。这可以从他 1787 年 8 月 7 日自弗吉尼亚致麦迪逊的一封信里看到；在该信中，麦克勒格说，“现在许多热心的共和主义者都已经承认，必须有一个独立的权力机关，凭借否决权来控制国会——他们只是在以何种模式组成这种权力机关方面有不同意见。伦道夫似乎认为可以由人民每年选举的一位长官行使这种权力，有如英国的国王一样。我希望我们的代表马歇尔在下次大会上能够给麦迪逊以有力的支持。他已看出在我们的立法机关的腐败影响下，道德日趋堕落；而且相信只有制宪会议提出一种有效的办法，才能够阻止无政府政治和以后的内乱”。

詹姆斯·麦克亨利　他属于本州的保守派，而且反对“彻底修改”该州的州宪。

他在 1787 年 2 月论马里兰选民和代表的财产限制时说：“这种限制，其目的在于建立一个公正的议会，能够以最公正的态度判断事物，促进公共的福利。”他极力反对那种认为人民有权委任自己的代表的主张。在他看来，民主就等于“纷乱和放肆”。

詹姆斯·麦迪逊　他是制宪会议的有系统的理论家，曾提出种种意见，这里无从加以摘述。他的政治学的总的轮廓见《联邦党人文集》第十篇，上文已加以论述，不再复赘。

亚历山大·马丁　他是制宪会议里的缄默代表之一，根据麦迪逊的笔记，他只是偶然地参加辩论。

卢瑟·马丁　他极力拥护各州的权利，并且有相当民主的思想，虽然在讨论禁止国会发行纸币时，他认为，"鉴于政府的管理主要操在富人手里"，不会有滥用这种权力的危险。马丁事实上是本州的纸币的拥护者，他反对宪法上禁止发行期票的规定。他是一个比较激进的代表，他反对限制各州使用合众国金银铸币的条款，反对禁止破坏条约义务的条款。关于后面一点，他说，"往往会有这样的时候，社会上发生了重大的灾害而且缺乏硬币，从而政府为要保全对自己最有用处的公民，不能不采取一种干涉的手段，通过一些法律，全部或部分停止法院的判决，或允许债务人分期偿债，或依照合理的公平的价格将财产转让给债权人。在这样的时候，许多州乃至所有的州都必须采取这样的立法，以防止富有的债权人和有钱人毁灭全部的贫民甚至勤奋的债务人。这样的时候是会再次来临的……我知道一般人民的主要痛苦就是他们受到压迫的公私债务，在目前的现金缺乏的情形下，这种债务使他们感到了破产的威胁，除非他们能够得到延期的允许，他们才可以借克勤克俭挽救自己。"

可以想象，一个人抱有这样激进的思想，认为政府应该具有干涉财产权的权利和义务以维护债务人，他当然不会接受在费城起草的宪法。马丁的确没有在宪法上签名，而且向本州议会提出了对宪法的强烈抗议；他竭力活动反对批准宪法；他是本州批准宪法会议的代表，他投票反对批准——但是无效。

乔治·梅森　他完全了解均权政治的主张。在制宪会议上论及上院的任务时他说，"组织参议院的主要目的就是要保证财产权。为了使他们能够发生有力的作用,必须给他们以相当长久的任期。然而,如果贫民也可以当选为上院议员,那么即使任期超过六年却也是毫无用处的。因而,他主张对于公职人员应该课以财产的限制。他认为这是可以做到的;因为税则可以提供一种估计每人财富数量的尺度”。在另一次,他又提出一项动议,要求“对国会代表课以土地财产的限制”。虽然梅森也拒绝在宪法上签字,然而他的理由并不是为反对对民主的立法机关加以限制,而是基于个人的经济利益。

默塞尔　马里兰代表。他反对最后制定的宪法,而且成了该州的反联邦派的好战的领袖。他在制宪会议上,似乎并不怎么致力于“人民的事业”,因为他对于选民的财产限制应由各州决定的提议表示过异议。他特别反对的是“由人民举行选举的方法。人民不会知道也不能判断候选人的品德。他们可能选出最坏的人物”。

托马斯·米夫林　他在制宪会议上并无可资称道之处,在辩论中也没有阐述过关于政府的意见。

古沃纳·莫利斯　宾夕法尼亚代表。他是主张新制度应以不动产限制选举资格为基础上的一派人物的领袖;他于8月7日曾提出这种动议。在接着举行的辩论中他说:“他已经有过长期的教训,不致为言词所欺,因而贵族政治的论调并不能对他发生影响。他要反对的是那种事情而不是那个名义。他反对目前宪法的主要理由之一,在于它以贵族政治恐吓全国。贵族政治会从众议院产生出来。把选举票给予没有财产的人民,他们把它们出卖给有力收购的富人。我们不应只顾到目前。不久之后,我们的国家将有许多技工和制造者,他们要依赖他们的雇主过活。这些人们会成为自由的可靠的卫士么？他们会成为抵御贵族政治的屏障么？”——他不受“租税和代表”这些字眼的欺骗——一个人不能自由地投票，是不会有代表的。指挥投票的是成人。孩子们并不投票。为什么？因为他们不知道考虑，因为他们没有自己的意志。公共的利益不能寄托于无知和不能自立的人们身上。他并不认为给“不动产所有者”一词下个定义有其不可逾越的困难。他更不相信这种限制会不得人心。在现在，十分之九的人民都是不动产所有者，他们显然不会不满的。至于技工等等，如果他们拥有财产，他们可以取得这种的权利。如果没有，他们就不配有这种权利。

在制宪会议的全部进程中，莫利斯总是孜孜不倦地自由发挥自己的见解，始终表示对民主制度毫无信赖。据他的传记作者罗斯福先生说，“他充分表现出自己是‘捣乱的批评家’；他对每一条文都加以最低的解释，而且坦白承认自己并不相信所有公正无私的动机。”他根据麦迪逊的说法，不断提到低下激情的过分强大的影响，不断提到人类这种激情在各种情况下的奥秘，虽然这两个人总是一起行动的。这是在反对麦迪逊经常灌输的人在政治上完全堕落，和必须反对一种罪恶和势力才有可能制止另一种罪恶和势力。但是，麦迪逊的这种郑重说明自相矛盾，因为在制宪会议上，他不止在一个场合里详细论述过的那些原理，和他所谴责的莫利斯的那些原理在实质上是一致的。诚然，后者的玩世不恭的怪僻，不过是比提出联邦派理论具有不寻常的率直而已。

罗伯特·莫利斯　他是宾夕法尼亚的商业大王和投机家。在制宪会议上，他似乎仅仅有两三次打破了他的绝对沉默的守则，显然没有发表过一次演讲。他提名华盛顿担任大会主席，并且附议里德的提案——参议员在行为正当时应继续任职。毫无疑问，莫利斯知道演讲和私人谈判两者的比重。

威廉·帕特森　在制宪会议上，他主要关心的是，保护小州的权利；但是他在宪法上签了名；在宪法实施以后，他成了热心的联邦主义者，担任最高法官的副法官。在法庭上，他以学者的风度成了支持司法控制立法原则的著名人士。

威廉·皮尔斯　他参加讨论的时候不多，他对于各州的权利问题持有一种宽宏大量的见解。他说，“我们一定要放弃州的差别，至于全国政府决不至于把它们完全抹杀。我虽然以一个小州代表的身份出席会议，我却自命是联邦的一个公民，我愿意始终拥护联邦的利益”。皮尔斯对于政府的基础，显然未曾发表过任何意见。他没有在宪法上签名，但是他的解释是：“由于一桩不得已的事情，我当时离开了会议，到纽约去了。我赞成宪法的原则，如果我当时在场，我一定要诚心诚意地在宪法上签字。不过，要说我认为宪法是毫无瑕疵，那也是一种违心之论。”

查尔斯·平克尼　他也是希望在宪法上规定对国会议员课以财产限制的人。在论及财产与政府时他说，“据他了解，委员会应该负责提出关于国会议员的财产限制的报告；可是他们却把这种任务委之于国会本身。如果这样，第一次国会将没有任何特殊的财产限制；如果第一届国会议员全是富人，他们将会定立有利于富人的财产限制制度；如果全是穷人，将会得到相反的决定。他反对在宪法中承认不正当的贵族影响，但是他认为国会议员、总统和司法官应该拥有相当的财产，才能独立不倚而且得到尊重。这是一种慎重之举，这些重大权力的授予要同财产和声誉的关系联系起来，借以获致一个忠实的政府。国会势将掌握国家的命运。总统对于国家的命运也具有重大影响。法官不但在公民之间、而且也在有关外国人的场合负有重大任务。他们甚至也要成为联邦与各州之间以及各州彼此之间的仲裁人。如果要他订立这种必要的财产限制，他认为总统的财产限制绝不应低于十万美元，法官的财产限制不应低于五万美元，国会议员的限制与法官相同。不过他愿意把这些数字空下来。他的提案是：联邦总统、法官、国会议员必须宣誓他们分别拥有未负债务的财产，达——”。

平克尼对于民选政府实际上并无信心。他在 1788 年 3 月 28 日致麦迪逊的一封书信中写道：“你是否……深刻认识到首先实行民选国会显然是一件错误的事情，其结果将使我们的会议受到轻视。”

查尔斯·科茨沃思·平克尼将军　他对于财产应该享有特殊地位所抱的见解，同他的堂兄弟的意见实质上是一致的。他主张参议员不应支薪。他说，因为参议院“意味着代表国家的财富，它应该包括拥有财产的人士；如果不给薪俸，那就只有富人能够担任这种职务了”。平克尼不但希望对国会议员课以财产的限制，而且也希望对行政和司法部门的人员课以财产的限制。

埃德蒙·伦道夫　他不但完全明白《邦联条款》所加予财产的痛苦，而且也了解一个“均权”政府的成分。他在论及参议院的结构时说：“如果要他表示对于第二院的人数的意见，他认为第二院的人数应少于第一院，以免陷于多数议会容易发生的激烈争辩。他认为总的目标是要纠正合众国的弊端。追溯这些弊端的起源，谁都认为在于民主的狂放，因而必须设法阻止我们政治上的这种倾向，一个健全的参议院看来很可以达到这个目的。……伦道夫主张(参议员)任期为七年。州议会的民主的狂乱证明必须有一个稳定的参议院。参议院的目的就是要控制国会里面的民主的下院。如果参议院不是一个稳定的机构，那么人数更多而且直接由人民选出的另一院势必压倒它。根据同样原则组成的马里兰州参议院，几乎不可能抵挡人民的狂潮。如果一切行动必须获得另一院的同意，有时还必须获得行政部门的同意，那可以不虞差错了。尤其必须的是参议院的坚定与独立，因为它应该保卫宪法，使其不受行政的侵犯；行政部门是可能同众议院的蛊惑人心的政客们沆瀣一气的。”

乔治·里德　他直言不讳，希望看到《邦联条款》完全废止。他说，“他反对修改旧的邦联制度；他希望这种思想会肃清干净。这好像在旧衣服外面罩上一件新衣。邦联是根据临时的原则建立的。它不能维持久远，也不能加以修正”。他主张赋予总统以绝对的否决权，同时主张参议员在表现良好时终身任职。

约翰·拉特利奇　他主张代表的选派必须根据财富和人口。他赞成对立法、司法、行政各部门加以财产的限制。他认为参议员应不支薪俸。在制宪会议里，他是争取财产在政府中的权利的最英勇的战士。他反对在政治上讲究人情。他在论及奴隶制与宪法问题时说：“宗教和人道都和这个问题无关。——只有利益才是立国的主导原则——现在的真正问题在于南部各州是否会参加联邦。如果北部各州估量它们的利益，它们将不反对增加奴隶，因为他们可以增加他们运送的物品。”

罗杰·谢尔曼　他希望尽量减低人民在新政府中的影响。当有人提议国会第一院议员应由选举产生时他说，他“反对由人民选举，坚持应该由州议会选举”。他说，人民应该尽量少管政府的事情。他们不了解情况，而且经常受人迷惑。

里查德·多布斯·斯佩特　他在制宪会议里似乎没有发表长篇的议论，但是他的偶尔的动议说明了他并不是相信“经常咨询人民”的人。9月6日，他提议总统任期应增为七年；他的提议失败之后，他又主张由四年改为六年；他公然斥责司法的控制；但是他在南卡罗来纳却是一个英勇的宪法斗士——他热烈地替宪法辩护，反对指责宪法具有贵族的性质。

凯莱布·斯特朗　他把马萨诸塞州赞成经常选举的传统带到了制宪会议。他赞成议员任期一年，反对总统任期七年，也反对参议员任期七年。然而，他却在本州拥护宪法。他是本州宪法批准会议的代表之一。

乔治·华盛顿　他在制宪会议里几乎是无足轻重的。在公开文献和私人信件中，从未发现他曾提出过任何有系统的政治理论。在有机会讨论到新制度的性质时，他讲的都是些泛泛之谈，而不是研究者的言论。例如，在他那大部分由汉密尔顿执笔的告别演说中，他说联邦政府是出于我们自己的抉择，不受任何的影响和威胁，而是基于充分的研究与周详的讨论，原则和权力的分配是完全自由的，把安全与力量结合起来。然而，他却畏惧在他任内崛起的民主协会所代表的那种政治，而且把批评政府视同谋叛。他和杰斐逊一样，忧虑地看待都市人口的增长；他在法国革命时期致拉法叶特的一封信上写道：“各大都市的喧嚣的群众永远是可怕的。他们不分皂白的暴行慑服了所有政府当局。”

休·威廉森　他反对对选举国会议员的选民课以财产的限制，并且反对法官和行政当局联合行使否决权。他主张增加一项规定“国会的有效法案”须经三分之二投票赞成的条款。然而，他在南卡罗来纳却是反对纸币派的一个人，而在制宪会议里他则拥护如下的提案：禁止各州通过追溯既往的法律，理由是“法官能够掌握此事”。

詹姆斯·威尔逊　他是当时从政治的历史和实际方面深入研究政治的哲学家之一。在制宪会议里，他对于一些问题都采取了民主的观点。他主张国会代表每年由人民选举，主张合众国参议员由人民普选，也相信总统由人民推选。他反对对选民课以财产的限制。他认为对民选立法机关的制约可以经由司法的控制，最初由法官与行政当局联合行使，之后则以简单的直接方式来行使。实际上，威尔逊和他的同僚都担心民主议会的危险，虽然他并不直率地主张直接的财产制约。毫无疑问，他相信司法的控制已经很够了。

乔治·威思　他是弗吉尼亚旧派法学家的代表，同时也是一个历史法理学的卓越学者，虽然在制宪会议上，他显然没有把自己的知识应用在一般的政治问题上。他极力主张司法控制，并且在弗吉尼亚的法庭里面实行了这个原则。

这里的结论似乎证明了《联邦党人文集》的作者们高度精确地综合了制宪会议代表们的政治主张，虽然在许多问题上仍不免有重大的意见分歧。

第八章　宪法的批准过程

费城会议于 1787 年 9 月 17 日完成了它的工作，把新宪法提交国会，并且附带建议："它应交各州代表会议批准，各州会议代表由各州议会提名，经各州人民选举产生；各州会议于批准宪法之后，应即通知联邦。"费城会议进而建议，如有九个州批准新宪法，宪法应在正在批准中的各州生效。十一天之后，即 9 月 28 日，当时设在纽约的国会即决定接受制宪会议的意见，并将宪法送达各州议会，转交由各州选民选出的各州会议。

这整个程序背离了当时美国的基本法——《邦联条款》——的规定，该条款规定，一切修正必须由国会提出并经各州议会的认可。如果今天美国国会居然召开了一次全国会议，"修改"宪法，而这个会议居然不顾宪法规定的修正程序，根本推翻了现存的宪法，并且提出一种新的政治制度，交人民投票决定，那么我们就会有类似 1787 至 1789 年的重大的政治改革。费城会议的工作的革命性质，曾由约翰·W.伯吉斯教授予以正确的说明。他说这种行动如果出于朱利叶斯或拿破仑之手，他们一定会宣布政变。

这种程序上的革命，在会议开幕时在弗吉尼亚州的提案中已有预兆，而且一开始即为一些领袖人物所注视。在 6 月 5 日讨论这个问题时，康涅狄格州代表谢尔曼反对这种做法，认为没有必要,《邦联条款》中已有修改规定。麦迪逊希望另行制定一部宪法,不仅是从事修正。格里认为"在东部各州,邦联早已受到人民的尊崇。他似乎害怕把新制度交付人民复决。当时那里的人民曾抱有最远大的政治理想。他们曾想废除马萨诸塞州的参议会"。金认为"代表会议是一个单一的会议机关,宪法在这个会议里批准比在有几院的州议会里更容易通过。而且州议会行将丧失它们的权力,势必反对宪法"。

7月23日,制宪会议重新讨论了批准问题,当时有人提议宪法应提交各州议会复决。反对这种提议的主要理由是:下届的州议会可能废止前届议会的批准;但是主要的问题是,究竟由州议会还是由代表会议比较容易获得批准。伦道夫说:"谁最反对这种制度呢?是那些将被宪法削弱了他们现在拥有的重要作用的地方领袖。他们将不惜努力,阻碍批准宪法所必需的人民思想的进步。……因而非常重要的是,对此问题的考虑必须从这些人物所操纵的州议会转到他们较难影响的机构。还有值得注意的一点是,有些州始终反对改变它们的州宪;除非特别要它们把这个问题交人民复决,它们将不会采取必要的步骤。"

马萨诸塞州代表戈勒姆先生持同样的见解,他"反对把这个方案交州议会批准。(一)由人民选举出来专门讨论宪法问题的人士,在讨论这个问题时一定比州议会议员更加公正,因为州议会议员行将丧失他们的权力,这种权力行将转移于中央政府。(二)有些州的议会包括几院。在这种情形下,宪法由议会通过远比由代表会议通过更加困难。(三)在各州,许多最有才干的人物都被排除于议会之外,他们可以被选举出来参加代表会议。这里面可以列入许多牧师，他们大都拥护开明的政府。……（四）州议会会受到种种琐碎事务的阻碍；阴谋家可以找到种种借口把这个问题搁置下来，即使不是从根本上推翻，也可以把它拖上几年。（五）如果对从前的《邦联条款》加以探究，各州的一致同意是必需的”。

在制宪会议里，埃尔沃思主张宁可交各州议会批准，也不要交普选的各州代表会议批准。“他认为由议会通过比由人民通过更有希望。东部各州人民普遍希望取消公债；而加强中央政府的力量，却含有巩固公债的意义。”然而尽管他表示反对，到了由代表会议批准的主张通过之后，他却向人民呼吁，替制宪会议的决定辩护。他说：“这表明参加制宪会议的各位人士的忠诚，他们决定把自己制定的制度交给人民，而不是交给各州议会。各州议会的决定往往受到政府高级人员的左右，他们大都自奉甚佳，生怕任何变革都会使他们受到损害。我并不要求州代表会议要排斥那些参加各州议会的上层人士，我不过希望他们应该同他们的同胞站在平等的地位，在这个会议里，少数的意见不能否定人民的多数意见。联邦制宪会议预见到了这种危险，同时他们也设法避免这种危险，决定直接诉诸人民。”

我们研究制宪会议代表们的意见之后，我们发现他们所以同意把宪法交各州代表会议批准，基于四个主要理由。它允许抛弃各州一致认可的原则。如果宪法经由各州的特别会议批准而不由随时更迭的议会批准，那么宪法就会获致一种比较坚固的基础。宪法的主要目的之一，就是要限制州议会的权力，我们很难指望州议会会自愿从事自杀。宪法的另一个目的是，要按照票面偿还公债，可是制宪会议的代表们早已知道人民曾一再向各州议会呼吁，要求提供基金借以清偿国债，而始终不得要领。适当的公民被选进代表会议比被选进议会将有更多的机会。把州代表会议代表的选举与州议会代表的选举分开，宪法拥护者就更能集中力量进行宣传活动。因为《邦联条款》规定它的修改必须经过各州的认可，主张新制度的人士的迫切需要，不容许这种纯粹技术的问题阻碍他们前进的道路。

严格尊重形式礼仪的人士，对于他们有无合法权利抛开对他们的指示而重新起草一部新宪法，多少感到为难。毫无疑问，有些州授予出席会议代表的权力，仅限于“修正”《邦联条款》；按照当时的公众情绪，如果大家明白了这次会议的革命目的，那么制宪会议是否能够召集起来，实在是大有问题的。在秘密辩论中，佩特森先生表示代表们受到了他们的权力的限制，然而伦道夫回答说，他“并不斤斤计较权力问题”。汉密尔顿赞成这种见解，他说，“我们对于我们的国家负有一种使命，从事这种权宜的处置，只要我们认为这种处置对于国家的幸福是必要的。各州选派我们出席会议为的是处理邦联的危机。如果仅仅因为这并不在我们的权力范围之内，而拟定一种不足以稳定这些危机的办法，那就会牺牲掉达到目的的手段。”

在制宪会议外面，他们也必须替他们的超越职权辩护。麦迪逊在《联邦党人文集》中负起了这个任务。

首先，他不愿承认制宪会议已经逾越自己的职权，而采取了革命的行动。他首先分析代表的权力，提出一种合法的解释。他指出，他们必须负责修改《邦联条款》，务使可以稳定邦联的危机，然而一个适当的政府却不能通过修改《邦联条款》产生出来，因而会议不得不择一而行：不是为了细节而牺牲大局，严守他们的职权；就是牺牲法律上的字眼，完成整个的任务。然后他抓住这样的论点："请他们表示，究竟哪一件事情对于美国人民的幸福是最重要的：是抛弃《邦联条款》成立一个适当的政府，使合众国存在下去呢，还是不要一个适当的政府，让《邦联条款》保存下来呢？"

但是麦迪逊于表示尊重法统之后，立即补充说，在一切政治上的重大变革中，"形式应该对实际让步"，拘泥形式"将使人民的天赋权利，即'人民认为推翻或改革政府足以增进他们的安全与幸福之时从事推翻或改革政府'的权利，成了有名无实、不起作用的东西。"换言之，归根到底，革命的权利就是一切政治变革的正当理由。有人认为革命的权利不应由一个少数人的集团，例如由五十多个代表组成的费城会议加以行使，麦迪逊的答复是：全体人民一致行进是不可能的，"因而这种变革必须由一些爱国的素负盛望的公民或某些公民提出某种非正式的建议"。从前的反英革命就是这样实现的；在当前的情况下，人民也有权通过费城会议的宪法。

宪法的反对者都会看出宪法的意义，它抛弃了他们现在所寄托的法律制度，而且规定新的宪法应该在九州批准之后付诸实行。马萨诸塞州的"科尼利厄斯"对于这一点表示了极大的忧虑。他在1787年12月11日的论文里，提出了这样的质问："依照这里规定的方法通过宪法，是否可以被认为违反了合众国赖以存在的基本的和庄严的公约？如果一个国家可以这么轻易地解除自己的义务，破坏自己的最基本的和最庄严的公约，它是否不会更轻易地破坏次要的公约？如果国家做出了榜样，那么个别的州、公民和属民会不会起而效尤？那么公私的信义会沦于何等境地？人民如何服从政府？社会的纽带是否会解体？服从是否仅仅建立在权力上面？在内政上是否无须道德的责任。在共同的公约上，是否一方可以接受拘束而另一方可自行其是？是否一方没有得到另一方的同意便可以废弃这种公约？如果这样，我认为宪法和国民公约都是毫无用处的；信誓旦旦也不过是出尔反尔的举动而已！”

制宪会议在各方面的“违宪”程序，备受反联邦派的攻击。另外一个作者说，“一种统一的制度以最秘密的方式和缺少起码权力的情况下制定出来了。而且事先没有任何通知，就突然由联邦制宪会议提请批准——国会未表示任何意见，又把它提交（州）议会——议会也依样把它提交人民。本州的人民没有国会或议会的帮助，也没有时间研究这个问题，一味向报纸了解情况，让对立的作家把他们分成两派，而且就在这样的情形下选出了本州代表会议的代表。这些代表所要考虑的就是：他们是否接受制宪会议的宪法——包括其中的一切瑕疵，并且把人民置于一种政府体制之下，他们现在对这种体制的性质和原则的了解，并不比对哥白尼的宇宙体系的了解更清楚一些。”

各州议会接受了国会的要求，把宪法提交给一个特殊的代表会议批准。但是它们还得研究如何召集会议和如何保证宪法的批准。

新罕布什尔州议会于 1787 年 12 月 12 日通过决议，召开一次批准联邦宪法的会议。举行选举的日期交由一些城市的市政管理委员会委员决定。召开会议的日期则定于 1788 年 2 月的第二个星期三。此外还决定翻印宪法四百份，用来分发。

选举似乎是在 1 月中旬举行的，因为 1788 年 1 月 25 日的《新罕布什尔观察报》上曾刊登一长列业已选出的代表名单，而且补充说，“若干未见上表的市镇准备于本周举行会议”。

据一位研究该州会议人物的学者的叙述，这样选出的州代表会议的大多数代表“无疑地都是反对宪法的……会议的才智之士绝对站在联邦派的一面，大部分最能干的人物都赞成批准宪法……一时，宪法之友曾经希望会议无须经过休会便可批准宪法。虽然大部分来自上层社会的代表相当反对批准宪法，然而在最后的问题上，大家却希望多数会赞成批准。但是这些希望证明是幻想。有些出席会议的代表参加会议时原受委托要他们投票反对宪法，经过讨论却改变了自己的意见，也赞成批准宪法。然而他们还是感到自己受到了委托的限制，而且坦白表示，如果在他们未能获得机会与他们的选民商讨之前，就进行最后的表决，那么他们将投票反对批准”。在这种情形下，联邦派只得同意休会，同时进行说服他们的敌人。到数月之后重开会议的时候，他们才能够以五十七票对四十七票的微弱多数通过了宪法。

在马萨诸塞州，联邦派立即推动召开一次代表会议。1787 年 8 月 20 日，他们便在该州的参议院里面通过一项有利的决议，四天之后，又在众议院里面通过了同样的决议。这项决议规定会议代表应由“依法有权选举总统的”居民选举，同时选举应“尽速”在各县市举行。会议日期则定为翌年 1 月的第二个星期三。1788 年 1 月 9 日，代表会议便在波士顿举行，同时展开了智慧的搏斗。

和新罕布什尔州一样，新选出来的代表都是反对批准宪法的。一个谨慎的深入研究当代历史的学者认为，“如果在会议开幕之初，立即把批准宪法的议案提付表决，那么毫无疑问，大多数都会投票反对的。”

甚至施加了有力的影响之后，联邦派也仅仅得到一百八十七票对一百六十八票的多数。哈定说，“赞成批准的多数，只是多了十九票。此外，还有九个出席会议而实际未曾参加表决的代表。我们要是记住没有代表的县市大都是反联邦派的县市，我们可以有把握地说，在四十六个缺席的法人当中，就有足够数目的反联邦派能通过一项否决宪法的决议。这种计算是基于这样的假定：即联邦派的代表不会相应地增加。如果所有的县市都有权选派代表，而所有代表都参加投票，那么我们很难断言最后的结果不会改变，虽然联邦派的多数会减到不至超过六个人”。

谁要翻阅过马萨诸塞代表会议的讨论记录，谁都不免得到这样的结论：联邦派在口才、逻辑和议论等方面获得了胜利。假如对与会代表施加的不正当的影响不是在当时表现出来而且没有在该州批准宪法的文献中保存下来，那么对这种影响的一切指责都不值得考虑了。一位在最近三十年里素负盛名的历史作者曾经写道，“有许多马萨诸塞州代表会议的代表受到了纽约方面的金钱收买，才使马萨诸塞通过了新宪法”。哈定研究了这种指责之后，否定了这种指责，认为这是“毫无根据的”；一些人们企图诬蔑那些在社会里面享有崇高地位的人物，诸如金、戈勒姆和斯特朗等人，认为他们曾经参与这次不可饶恕的买卖，他们必然会造出许多捕风捉影的证据。

康涅狄格州议会决定在批准新宪法上不落人后，于1787年10月11日召集了代表会议。他们给予选举人一个月的时间，考虑代表的人选。11月12日举行选举；1788年1月3日召开代表会议;经过几天讨论之后,于1月9日以一百二十八票对四十票通过了宪法。

在纽约州,选民在通过选举代表解决批准问题之前,获得了比康涅狄格州更多的时间来考虑新宪法。直到1788年2月1日,该州议会才公布于当年4月的最后一个星期二举行特别的选举。

在纽约州,关于宪法的争论一开始就很激烈。州长柯林顿在1788年1月致议会的咨文里,并没有提到宪法——这种做法曾给联邦派以一些希望,因为他们曾经担心行政当局的攻击。召开代表会议的决议在众议院里以微弱多数获得通过;在参议院里则险些通过了一项暂缓讨论的动议,在十九票里面占了九票。

当代表会议终于开幕时,六十四名代表当中最少发现有三分之二是要反对批准的。这是班克罗夫特的看法,而当时的出版物也证实了他的结论。然而由于高明的雄辩,联邦派终于获得了三十票对二十七票的多数。批准案能够得到多数的赞成票数,全赖于事先达成了一种协议,即必须立即发出通知,建议召开另一次全国会议,立即修改现在通过的宪法。

为了履行这项协议,该州议会于1789年2月5日的会议上,请求国会立即召开另一次会议,以修正新宪法。议会的呈文说明,宪法所以获得批准,乃"基于大家深信该宪法可以由一次全国会议加以修改;深信在这个会议召开和宪法修改以前,宪法授予的若干权力将不予行使"。议会接着说明,这种请求系应该州会议的一致意见,"他们一致认为,为使宪法能够受到他们的选民的承认和拥护,这种修改是必要的;而且多数代表还认为宪法的若干条文殊有可议,除了这种深信与不愿与我们的姊妹各州分离之外,如果不是规定早些修改，势必不能说服多数代表，使他们批准宪法”。

新泽西州接到国会的通知后，便尽速促成宪法的批准。1787年11月1日，议会即宣布召开代表会议，并且规定“有权选举国会代表的人民于11月的第四个星期二，即11月27日选举代表。代表会议的日期定于12月的第二个星期二，即12月11日。代表们于4月18日‘深思熟虑之后’，一致赞成批准宪法”。

特拉华州议会，“由于该州多数人民的请求”，于1787年11月10日通过一项决议，几天以内，即11月26日，选举批准宪法的代表会议的代表。会议于12月3日在多佛举行；经过几天的讨论之后，于12月6日一致通过了宪法。

在宾夕法尼亚，批准过程中险些采取了非常的办法。在国会提交各州批准宪法的决定尚未送达时，制宪会议代表同时也是该州议会议员乔治·克莱默“便起立提议召开州代表会议，并且在费城举行，代表的选举方式和日期同下届议会的选举”。反对派认为：这是一种非常的举动，还不知道国会究竟采取怎样的行动，并且认为这种重大的举动应该予以审慎的讨论，不宜草草从事；这种意见不起作用。议会居然作出决定召开代表会议，并且休会至当日下午，然后再讨论会议的日期与代表选举的方法。于是反对派便决定不出席议会，使议会达不到法定的人数，从而把这项议案搁置起来。

国会将宪法提交各州批准的消息就在这时送达费城。于是议会里面的联邦派得到了合法的根据，便决定不再拖延，因而派出了一些官员寻找一些“逃避议事”的顽固派。这些官员在联邦派暴徒的协助下，“冲进他们的住宅，抓住他们，把他们从街上拖到州议会，推进了会议厅，弄得他们一个个衣服破裂，脸色发青。法定人数现在达到了”。议会（于9月29日）决定于五周以后，即1787年11月6日选举代表会议的代表。这样，该州人民在选举他们的代表以表达自己的意志之前，仅有一个多月的时间来考虑这个重大的问题。有些联邦派，如坦奇·考克斯，曾对采取这种横暴的手段表示遗憾；但是压力很大，不容稍事迟延。

代表会议召开之后，联邦派依然继续从事非法活动，虽然从会议对宪法的表决看来，这些行动都是多余的。他们尽量干出了一切事情，使公众无从知道事件的经过。“托马斯·劳埃德曾请求担任会议的助理书记。劳埃德是一个颇负声誉的速记人员，当会议拒绝他的请求之后，他便决定自行编制会议辩论情况报道。他在广告中保证，辩论将以精确的速记记录下来，印成八开本一册，每百页售价一美元。这些好听的诺言始终没有现实，结果只是出版了一本薄薄的一册，仅仅收录了威尔逊和托马斯·麦基恩的几篇演说词。其中理由不难发现，原来他被联邦派收买了，而且为了满足公众的要求，只得出版一本仅仅收录两个联邦派领袖演说词的小册子。”联邦派似乎曾压制其他出版辩论记录的企图，他们“停止订阅热心拥护反联邦事业的刊物”。宪法以四十六票对二十三票获得批准。

事后，州代表会议的少数派，有二十一位代表，曾在一篇告人民书中对联邦派在批准宪法时的越轨行动提出抗议。抗议书叙述国会如何召开联邦制宪会议，接着陈述他们所见的事实：“各州如此急切同意（国会召开这次会议），以致各州议会没有一点根据，也不与人民商量，就指定代表在费城举行会议。参加会议的仅有少数有名的人物；有些人并非以爱国著名，而是以狡黠闻世；有些人甚且一向是美洲独立的敌人。会议的大门紧闭，一切都在秘密中进行，谁也不能说明里面干些什么勾当。不过，众所周知，代表的意见很不一致。有些代表在宪法草成之前，便已离开了会议；有些代表在宪法草成时，依然坚持自己的立场。然而不管这些代表的意见如何，专制主义的走卒不久就发出了呼吁，要人民请求议会召开代表会议来审议宪法。议会的一部分议员曾被强拉出席，被迫参加。这样的议会居然决定召开代表会议，而且决定了选举代表的日期，其为时的仓促曾使许多选民在事情过去之后还不知道此事。有些人民没有参加选举，因为他们对新宪法一无所知；有的则因为不赞成宪法，有的则认为代表会议的召集并不合法。在七万名享有选举权的自由民当中，只有一万三千人参加投票。”反对宪法的斗争曾在宾夕法尼亚继续进行一个长久的时期，偶尔发生过暴乱，最后在华盛顿任内，发生了一次威士忌叛乱。然而在一切政治手段的摆布之下，反对派终于被压服了。

1787年11月，马里兰议会在听取卢瑟·马丁对宪法的谴责和麦克亨利的有力答复之后，“一致决定召开一次州的人民代表会议；它援引弗吉尼亚的先例，为以后的修正敞开了大门；同时决定选举代表和举行会议的日期延至次年的4月”。它给人民几个月的考虑时间；这跟特拉华、新泽西、康涅狄格、宾夕法尼亚、马萨诸塞等州的仓促行事，形成了明显的对照。1788年4月的第一个星期一，举行选举；4月21日，举行代表会议。宪法的反对派，蔡斯、默塞尔和马丁等人竭力反对宪法，而“联邦政府之友却‘保持坚定的缄默’”。经过一周会议之后，“反对派弄得精疲力竭”，会议于4

月 26 日星期六下午，终以六十三票对十一票批准了宪法；于 28 日正式签署这个文件。

弗吉尼亚议会根据 1787 年 10 月 25 日通过的一项决议和 12 月 12 日制定的一项法律，宣布于 1788 年 3 月选举代表会议代表，于 1877 年 6 月 2 日举行会议。没有一个州会比这里集结了更大的反对和赞成宪法的力量了；没有一个州会比这里——宪法的诞生地——的辩论更加秩序井然。那实在是一场才智的斗争，从 6 月 2 日一直继续到 6 月 25 日。之后"便开始表决。里士满和威廉斯堡的代表、沿海各县的代表、北部的代表以及蓝岭和阿勒格尼山之间各县的代表，一共八十九人，投票赞成宪法。肯塔基中部和南方各界的代表，一共七十九人，投票反对宪法"。胜利的差数虽很有限，然而却是可靠的。

北卡罗来纳是反对宪法的。该州议会于 1787 年 12 月 6 日宣布召开代表会议；1788 年 3 月的第一个星期五和星期六举行选举；1788 年 7 月 21 日举行会议。代表会议里，"反联邦派占了多数。辩论进行至 8 月 2 日，始终未能同意无条件批准宪法"，终以一百八十四票对八十四票推迟批准宪法，同时宣布无限期休会。新的联邦政府成立时，不包括北卡罗来纳；但是由于经济压力，杰出的联邦主义者（包括华盛顿）的影响，以及国会对宪法的修正，北卡罗来纳才于 1789 年 11 月 21 日加入联邦。

南卡罗来纳为各州中最慎重的一州，直到 1788 年 1 月 18 日，该州议会才一致通过一项决议，召开代表会议；并定于 4 月举行选举，是年 5 月 13 日在查尔斯顿举行会议。会议在进行讨论时秩序井然。出席会议的人士都是该州一流人物。反对派竭力反对宪法，在他们发现形势对他们不利时，便要求休会五个月，以便进一步考虑，但是这项提案却以八十九票对一百三十五票被否决了。最后于5月23日——会议的第十日——下午五时，以一百四十九票对七十三票通过了宪法。

佐治亚议会于1787年10月26日决定召开代表会议，代表的选举依照下届大选时“选举众议员的同样方法”，于12月的第一个星期二，即1787年12月4日举行。代表会议则于12月25日在奥古斯塔举行。经过四五天的慎重考虑之后，会议于1788年1月2日庄严地批准了宪法。

罗得岛为十三州中最后承认宪法的一个州。它曾拒绝派遣代表出席联邦制宪会议；得意的纸币派在新制度下面得不到一点好处。直到1790年5月29日，该州才批准宪法。这是由于合众国政府的强迫和普罗维登斯市以及其他持联邦派观点的城市要求脱离该州和寻求联邦政府保护所造成的威胁。要不是这些实际考虑对他们的压力，该州的农民将无限期推迟批准宪法。他们不能同一个强大的国家和内部的造反作斗争。

根据以上事实，我们可以得出几项重要的概括：

有两个州——罗得岛和北卡罗来纳——都拒绝批准宪法；直到新政府成立之后，对它们的孤立施加了有力的经济压力，才使它们批准了宪法。

有三个州——新罕布什尔、纽约和马萨诸塞——从选举代表会议代表中所表示的民意是反对宪法的；宪法的批准系由于反对派的改变立场而且往往违背了人民给予他们的心照不宣的（有时甚至是明白表示的）委托。

在弗吉尼亚，人民投票是可疑的。

在顺利地批准宪法的四个州——康涅狄格、新泽西、佐治亚和特拉华，——在各州议会采取行动之前，仅有四五周的时间，在宣布选举会议代表到举行选举之间，仅有四五周的时间；在举行选举到召开会议之间，也仅有大体相同的时间。行动敏捷可以说是由于一般民意都拥护宪法，也可以说是由于行动的迅速使反对派措手不及。

有两个州——马里兰和南卡罗来纳，在选举代表和召开会议上的审慎和推延，却产生了赞成新宪法的绝对多数；不过南卡罗来纳州的人民投票票数却始终没有公布出来。

在宾夕法尼亚州，批准宪法的过程十分草率。

第九章　民众对宪法的投票

詹姆斯·威尔逊在通过宪法时说，我们取得了一个可喜的成就，“整个民族行使了首次的和最伟大的权力，完成了一次至高无上的主权行动”。无须探究法学意义的说法，宪法可以看作全民的意志的表现，而就历史的观点而论，我们却必须分析“人民”的成分。换言之，有多少“人民”赞成宪法，有多少反对？

首先，我们必须记住：是否应该召开制宪会议这个问题，就没有交付人民表决，也没有经过选举议会议员的选民们的特别通过。

其次，宪法并未提交人民批准。当时大家还不知道复决权这回事情，不过这也不是美国政治的既定原则。总之，制宪会议代表似乎没有想到这种复决的程序。很久以后马歇尔曾说，由各州代表会议批准是当时唯一可以想出的方式。鉴于当时没有采取人民对宪法的直接投票的事实，所以我们无从确定赞成批准宪法的“人民”的确切数字。

参加选举各州批准会议代表的选民，可以分为四个部分：有意识地赞成宪法的人们，有意识地反对宪法的人们，不愿将此事交给当选代表决定的人们和胡乱投票的人们。

这四种人物的比例数目无从确定，不过某些事实却足以帮助了解一个重要的问题，即有多少人民是赞成宪法的。

第一，我们必须指出：由于选举权的财产限制，当时曾有一大部分的白人成年男子不能参加州的代表会议代表的选举。这种选举权的限制由各州议会决定，它们大都采取对选举州议会下院议员的选民所加的财产限制。

在新罕布什尔州，有权选举议会下院议员的选民，也有权选举代表会议的代表。同时根据法律不许参加选举的保守派和亲英分子也可以参加这次特别的选举。在马萨诸塞州，选举人限于“依法可以选举众议员的”人们；在康涅狄格州，限于“依法可以选举市议会”的人们；在新泽西州，限于“有权选举出席议会代表的”人们；在特拉华州，限于“依法可以选举议会众议员的”人们；在宾夕法尼亚州，由有权选举议会议员的人们选举代表会议的代表；在马里兰州，选举人是选举下院议员的人们选举的；在弗吉尼亚州，由“依法获得选举权”的人们选举；在北卡罗来纳州，由有权选举众院议员的人们选举；在南卡罗来纳州，由选举下院议员的人们选举；在佐治亚州，由选举议会（一院）议员的人们选举。

只有纽约州对于批准会议代表的选举采取了一切成年男子均有选举权的原则。利比似乎认为这种例外系出于州议会里面的地主的主意，因为他们是反对宪法的，所以希望让他们的半奴隶的佃农参加选举；不过这个问题迄今还没有弄得清楚，一切关于这种建议的“政治作用”的断语都不过是推测之词而已。

我们无法正确地指出，二十一岁以上的成年男子被这些限制剥夺掉了公民权的究竟有多少。如果我们记得，在1790年，居住在有八千居民以上的城市里的人口，仅占总人口的百分之三，各州尤其新英格兰都有很多的不动产所有者，那么根据同样的限制，当时被剥夺了公民权的比例不会像当时那样大。詹姆森博士估计，当时在马萨诸塞州被剥夺选举权的成年男子约有五分之一，可以有把握地说，没有一州曾超过三分之一。

由于对政治表示冷淡和缺乏了解而放弃公民权的人数，远为多数。值得注意的事实是，在杰斐逊时代的热烈的政治斗争出现以前，有权投票的人民愿意不怕麻烦去投票的，不过是少数而已。当时在城市或县区，选举都是口头表决的，走到选举站而且在那里等候都是十分麻烦的事情。1775 年，在康涅狄格州的一次选举中，该州有将近二十万人口，其中二十一岁以上的成年男子占四万零七百九十七人，而参加投票的却只有三千四百七十七人。没有参加选举的究竟有多少人系由于财产的限制，多少人系由于对政治漠不关心，这就无从说明了。

詹姆森博士根据最巧妙的计算，认为在马萨诸塞约有五万五千人，或总人口的百分之十六至百分之十七，依法享有选举权。他进而研究，在 1780 年至 1790 年的各次选举中，在有权参加选举的百分之十六的人民当中，实际行使选举权的究竟有多少。他的研究得出了一个结论。他说："似乎只有总人口的百分之三，或有选举权人民的五分之三或六分之一，参加了 1780 年秋季的第一次选举。在其后六年里，这个数字一直停留在百分之二左右。1784 年，全州参加投票的仅有七千六百三十一人；1786 年春季，仅有八千多人。接着爆发了谢司叛乱。这一年冬季的政治激情，使 1787 年的选票数字增多了，将近增至 1786 年的三倍，约占总人口的百分之五六。此后两年的冬季关于新的联邦政府的政治辩论，使这个数字保持了百分之五的纪录。之后,又跌落到百分之四到百分之三之间,而且一直持续到1794年。”

为了仔细分析在批准过程中的经济力量,我们最好能知道全国各县市选举出席代表会议代表的情形。可惜这些数字并没有记录下来,而大量可以作为统计表根据的原始资料,无疑也已散失殆尽。甚至这些统计表也不能令人满意,因为在一些州里,当时并没有发生争执,而采纳或拒绝宪法这个问题也没有公正地向选民提出。

不过,有少数地方参加州代表会议代表选举的选民人数,却留传下来。例如在波士顿,那里的竞选是相当热烈的;有权投票的公民约有二千七百人,实际参加的只有七百六十人——约占其后州县选举时参加投票人数的一半。

许多关于宪法的论著均未提供关于纽约州代表会议代表普选的数字,但是根据当时报纸材料却可以编成一份不完全的统计表。下面的统计表说明纽约州某些县的投票人数将近总人口的百分之十,而其他州(甚至规定一切男子均享有选举权的州),如马萨诸塞州,参加选举的人数不过占总人口的百分之五左右。要注意的是,代表会议代表的分配非常不均,而且绝对不利于反联邦派。联邦派和反联邦派的分别,是根据当时报纸所发表的选举报告,而不是根据该州批准会议中的投票情况。

表 1： 联邦派

	人口(1790 年)	联邦派的最高票数	反联邦派的最高票数	代表人数③	代表与人口的比例
纽约县	33,131	2,735①	134	9	3,618
韦斯切斯特	23,941	694②	399	6	3,990
昆斯④	16,014			4	4,003
金斯	4,495			2	2,247
里士满	3,845			2	1,917
总计				23	

① 见《每日广告人》,1788 年 5 月 30 日。

② 同上,6 月 3 日。

③ 见埃利奥特:《辩论》,第 2 卷,第 206 页。

④ 在会议里,昆斯的投票分裂了。

表 2： 反联邦派

	人口(1790 年)	联邦派的最高票数	反联邦派的最高票数	代表人数	代表与人口的比例
阿尔巴尼	75,912	2,627①	4,681	7	10,845
乌尔斯特	29,397	68②	1,372	6	4,899
达契斯	45,266	892③	1,765	7	6,466
奥兰治	18,478		340④	4	4,619
哥伦比亚	27,732	1,498⑤	1,863	3	9,244
蒙哥马利	28,839	811⑥	1,209	6	4,806
萨福克	16,440			5	3,288
华盛顿⑦	15,647			4	3,911
				42	

① 见《每日广告人》,6 月 4 日。

② 同上,6 月 4 日。

③ 同上,6 月 6 日。

④ 同上,6 月 14 日。

⑤ 见《纽约日报》,1788 年 6 月 5 日。

⑥ 同上,6 月 5 日。

⑦ 同上,6 月 5 日报道,在华盛顿县,反联邦派的候选人以两票对一票获得通过。

根据上表，我们可以得到几个明确的结论。根据普选的票数计算，纽约州反对批准宪法的占压倒多数。在代表分配不利于反联邦派的情形下，反联邦派选出的代表却两倍于联邦派。赞成批准宪法的仅限纽约市和阿尔巴尼等都市。

然而尽管普选不利于联邦派，联邦派却能以三十票对二十七票通过他们的主张。为什么会有许多任务明确的反联邦派跑到他们的敌人的一边去呢？有三个跑到联邦派那边去的反联邦派——约翰·德威特、约翰·史密斯和梅兰克顿·史密斯——后来都成了公债持有者；然而这并没有说明了这一事件。

在宾夕法尼亚州，批准宪法代表的选举显然是十分草率的。持不同意见的少数人在他们的著名宣言中说："代表会议代表的选举如此仓促，宣传又如此不够，以致有些人直到事情过去之后，还不知道这件事情。……我们认为这个国家的政府或宪法不能加以改变，除非人民明显希望要有这种改变；但是检查选举州代表会议代表的票数，我们发现在宾夕法尼亚州将近七万人享有选举权的自由人当中，参加全部会议代表选举的仅有一万三千人。再者，虽然要有三分之二出席代表会议代表的同意才可以通过宪法，然而三分之二的代表不过是仅由六千八百个自由人选举出来的。虽然这些数字系出于反对派之口，可以使人怀疑到它的正确性，但是说他们大大夸张了公布于众的数字，却是不大可能的。"

费城也许要算当时竞选最激烈的地方。当时费城约有二万八千人口。在这次选举中，得票最多的候选人乔治·拉蒂默，得了一千二百一十五票，而他的主要反对者只得了二百三十五票。总计起来，在这次选举中投票的总数为一千四百五十票——约占该市人口总数的百分之五。

1790 年,宾夕法尼亚州的人口为四十三万四千三百七十三人,加上农村去选举站的路途不便,看来反对派的估计不会和事实相差太远。

在巴尔的摩,参加该市代表选举的仅有一千三百四十七人。麦克亨利得票最多,有九百六十二票,谁都知道他是赞成无条件批准宪法的。他的主要对手获得三百八十五票。这次选举是在一次游行之后举行的,有一家报纸报道说:"同日,造船业者、航运商、商人、制造家以及数千居民,列队游行全市。"当时巴尔的摩有一万三千人口,所以参加投票的成年男子占了很大的比例。

马里兰的选举情形曾由一个反对派加以揭露,他以"共和主义者"的笔名,在 1788 年 5 月 16 日的《马里兰日报》上发表了一篇长文。斯坦纳说,这位作者"认为'普通阶级'的人民对于宪法毫无所知。国会命令印行的两千册宪法草案为数太少,不足以散发各地。《安纳波利斯报》发行量很小,巴尔的摩的两家报纸在东海岸地区从来看不到,而去年冬季的恶劣气候更使一切报纸都无从寄达那里。在该州的二万五千选民中间,参加这次选举的只有六千人,而巴尔的摩市和其他七个县就占了四千票。财主和富翁为了防止丧失自己的债权,都替宪法卖力。在有些县里,反对派就没有提出候选人"。

在南卡罗来纳,代表的分配使沿海的工商业区域获得了决定性的优势。1788 年代表会议的代表人数接近 1794 年众议院人数的两倍,其代表的分配情况也很相似。其后,哈珀以"阿比乌斯"为笔名,指出在议会里上下区域的重量的悬殊:"下区包括查尔斯顿、波福特和乔治城三地（都是极力赞成批准宪法的），有白人二万八千六百九十四人，共选出众议员七十名，参议员二十名。以下区的二万八千六百九十四人除全州的十四万九千五百九十六人，其商数为五有余；由此可见，议会两院的大多数议员系由不到五分之一的人民选举出来的。”上区（大都是反对联邦的）有白人十二万零九百零二人，却只选出众议员五十四人。根据这个基数，在代表会议里只要有七十三票反对批准宪法，就可以代表该州的多数白人居民和选民。

如果有人不愿就这些琐屑的事件对赞成宪法的投票情况加以总结，那么我们把一些相关的事实归结在一起，似乎是值得的。

詹姆斯博士认为，当时在马萨诸塞州参加投票的仅占该州人口的百分之五。除了这项结论之外，我们还有另外的有价值的材料。波林博士曾经指出：在新罕布什尔州，参加1788年总统选举的，仅占该州自由人人口的百分之二点八；在同届选举中，在弗吉尼亚州麦迪逊选区，参加选举的仅占白人人口的百分之二点七；在马里兰州，参加第一届国会选举的，仅占白人人口的百分之三点六；在马萨诸塞州，仅占白人人口的百分之三。波林博士在论及当时选举权行使的整个情形时说：“那一次选举主要系由一批极少数利害有关的财产所有者完成的，他们大部分住在北方各州的城市里面，比较富有，而且更能干，就像一个严密的公司那样控制了政治。”

鉴于上面列举的关于波士顿、费城、巴尔的摩等城市选举（出席批准会议）代表的数字和材料，鉴于乡村参加选举的人数的百分比少于城市这个事实以及鉴于有八千以上人口的城市仅有百分之三人口参加选举这个事实，我们似乎可以有把握地说，曾经以这种或那种方法对宪法表示意见的，平均不会超过人口的百分之五或十六万人左右的选民。换句话说，参加各州代表会议代表选举的成年白人男子很可能不会超过总数的四分之一或五分之一。

在新罕布什尔、马萨诸塞、纽约和弗吉尼亚四州，在选举代表会议代表时，不是反对宪法，就是分成了势均力敌的两派，以致难以说明最后表决的结果究竟如何。这四个州加上最初反对批准宪法的罗得岛和北卡罗来纳两州，占三百二十万自由人的五分之三，大约有一百九十万人。在上述六个州的一百九十万人当中，最少可以去掉九十万人，就是说有四万五千选民代表反对派。加上宾夕法尼亚州反对批准宪法的选民六千人，则反对批准宪法的选民共有五万一千人。再加上马里兰、南卡罗来纳、康涅狄格以及其他各州的反对派，我们可以合理地推定，在估计参加选举的十六万人当中，赞成宪法的不会超过十万人——约占成年男子的六分之一。

我们承认这些数字都是概略的推测，然而这也表明宪法并非“全体人民的明确的和深思熟虑的意志的表现”，也不是多数成年男子的意志的表现，甚且也不是五分之一以上成年男子的意志的表现。

十分可能的是，当时投票反对批准宪法的还占了多数。这种推测可以根据首屈一指的权威——大法官马歇尔——的坦率说明，他在制定和批准新宪法的运动中曾经担当了一个重要的角色。

总之，人民大众由于财产限制而被剥夺了选举权以及人民大众的无知与冷淡，使动产利益集团在选举中获得了极大的便宜。他们处处留心，因为他们知道新宪法的价值，那并不是作为一个理论问题，而是作为一个事关金钱的实际问题。他们消息灵通。他们意识到这同他们的利益是一致的。他们组织得很好。在几星期之前，甚至在宪法送交各州批准之前，他们早已知道了这次斗争的实际性质。他们大都住在城市或人烟稠密的地区，他们能够迅速而且有效地集合他们的力量。他们享有种种便利，可以诉诸许多不满现状而希望通过改变政治体制以改善自身生活的人们。

一般说来，人才、财富和专业能力都属于宪法派的这一边。在教育运动中花费的金钱也归于他们这一边；而且在印发小册子、组织游行示威与经营报纸等方面的开支，也是一笔可观的数目。仅从日后证券增值而获得的巨大利益里划出一小部分，就可以支付当时的并不吝啬的竞选开支了。

反之，反对派则遭遇了种种困难。他们要从边远地区到城镇去投票，往往要在恶劣的气候里长途跋涉，因为那一次选举是在深秋和冬季举行的。他们通过击败宪法并不能获得像证券持有者由于通过宪法所获得的那种直接的个人利益。债务人的确知道，如果宪法通过了，他们会要完全偿付自己的债务；小农也懂得，如果宪法通过了，他们得缴纳赋税借以清偿国债；而且债务人也到处发起了反对宪法的斗争——关于这件事情，现在就有很多的证据。然而他们没有金钱可以用于这项运动；他们贫苦无闻——最强有力的队伍并不站在他们这边。奇怪的是，他们在投票数字方面几乎击败了宪法。

第十章　对宪法投票的经济背景

有如在自然科学上，如果仅仅说明了一个机体的外表，我们便无从了解这个机体；因此，在历史上，如果不把人民群众分为几个组成部分，我们便无从正确了解人民群众的运动。把这个观念应用在我们现在研究的问题上就是，如果不把赞成宪法的"人民"和反对宪法的"人民"依照他们的一定的谋生方法，当作一种经济实体加以个别化和研究，我们便无从就反映在宪法上的物质利益问题得出一个准确的结论。因而要对这个问题加以精细的分析，我们必须研究参与制定和通过宪法的一万六千人（近似数）的历史；不过这里我们还必须依赖从不完全的资料里得出的比较粗略的概括。

关于每州的代表会议，如果我们都能够得到一篇像费城制宪会议那样的记载，那就很好了。但是要得到这样的记载，就需对几百人的私人经济问题进行仔细研究。这种研究，整个说来将不会有研究费城会议得出的那么多的结果，因为各州批准会议的代表都是无名人物，他们没有传记，他们的财产也不见于流传下来的文献。在少数的事例中，例如关于宾夕法尼亚州的有关经济情况，这种工作曾经零星地完成了一部分——我们可以希望在资料允许的情况下，在某个时候可以对各州会议代表的财产利益与公债数额作出深刻的分析。关于有几个州在宪法批准问题上的斗争的真相,则早已由学者利比、哈丁和安布勒等人予以揭露了。

利比博士在他的苦心研究成果《宪法投票的地理分布》中指出了赞成和反对通过宪法的各地区的经济特点。本章利用了他的全部结论,并且参考了哈丁和安布勒的研究,此外还加上一大部分首次在这里引用的新材料。这里所采用的方法,总的说来就是要揭露某几个州在通过宪法时表现的经济利益的冲突。

新罕布什尔　在新罕布什尔州有三个截然不同的经济区域,它们曾在批准宪法的会议上表现了它们的政治主张。其中两个区域就是沿海区域和内地或中部地区。利比说:“沿海区域代表了商业和城市的利益,包括了大多数的专家、思想领袖、富翁和有影响的人物。内地区代表小农;由于缺乏良好的道路,这里的居民同外地隔绝,他们很少同外面贸易,仅仅同外面交换一些本地不能生产的东西。前一个阶级是进步的、开明的而且熟悉政府的实际情况,他们照例是赞成宪法的。后一个阶级是保守的,而且不知道自己村镇的狭小范围以外的世界所发生的一切事情,他们一般是投票反对宪法的。”

新罕布什尔的第三个区域(它的代表赞成批准宪法)是“康涅狄格河流域或边沿地区”,它的利益和沿海城市的利益相同,因为它经由康涅狄格河和外界发生了商业关系。奥利弗·埃尔斯沃斯在致新罕布什尔公民的一封公开信里,就曾向这个区域呼吁过。他说:“纽约、康涅狄格河上的商业城市和波士顿都是你们获得大部国外供应的来源,也都是你们销售产品的地方。这些地方都征收进口税,你们作为消费者负担了一部分赋税,却不曾享受一点公共的福利。除非由拟定中的那个政府加以影响,你们不能指望这些州的私有制度会有任何改变。”

1793 年的税收报告,可以说明在新罕布什尔州批准宪法过程中具有重要作用的一些经济事实。这些报告指出,在这一年该州(当时弗蒙特被分割出去了)“贸易总额”六万一千七百十一镑九先令五便士当中,不少于四万二千五百十二镑零五便士或三分之二以上,属于罗金翰县,即商业城市朴次茅斯的所在地,这里的公民都是新制度的主要鼓动者,而他们出席州代表会议的代表以压倒多数批准宪法。再者,在该州的总额为三万五千九百八十五镑五先令六便士的“现存或生息货币”当中,约有三分之二,即两万二千七百七十镑九先令四便士,属于罗金翰县。尤其重要的是,在该州价值八十九万三千三百二十七镑十六先令十便士的不动产和建筑物当中,有一半以上,即三十一万七千九百七十镑七先令二便士,属于该县。于此可见,联邦派的据点掌握了该州全部动产价值的三分之二左右和二分之一左右的不动产价值。

如上所述,各种动产对批准宪法的关注并不相同。证券持有者拥有的公债,由于新制度的建立,增加了六至二十倍。如果我们能够发现公债与其他动产的比例及其地区分配,我们还可以发现更有意义的数字。公债在新罕布什尔州的比重可以从以下事实中看到:1793 年的赋税表列出该州的现金和生息货币(包括公债)共计三万五千九百八十五镑,而财政部的账目却表明,交给该州公债办事处的公债利息为二万美元,用来清偿每年的联邦公债。十分可能,赋税表所列数目很低,然而即使如此,公债在该州的资本总额中也占了一个相当庞大的数目。新罕布什尔州对宪法的主要拥护者都是巨额的公债持有人。毫无疑问,动产是立宪运动中的动力,而公债则是动产之中的动力。

马萨诸塞　马萨诸塞州对于宪法的表决显然循着阶级或集团的路线:赞成批准宪法的区域,住有商人、货币所有者和证券持有者——一句话,就是动产集团;反对批准宪法的地区主要是农村,而且不拥有动产。利比根据投票情况将区域划分如下:

东部区域……赞成——百分之七十三　反对——百分之二十七

中部区域……赞成——百分之十四　反对——百分之八十六

西部区域……赞成——百分之四十二　反对——百分之五十八

他在谈到这个统计表时说:“这种显著的差别明确说明,在表决的背后存在着某种基本的因素。每个区域都是一个经济和社会单位。第一个区域代表沿海区,第二个代表内地,第三个代表康涅狄格河流域和该州的边远地区。在东部区域,利益集团属于商业;这里有富户、名流和该州的都市的人口……。马萨诸塞州中部地区代表该州内地的农业利益集团——小农。1788年,这个地区出现了一大部分谢司党人。康涅狄格流域或西部区域可以分为北部和南部:北部为该州腹地,大部分是反对联邦的;南部接近海岸,大部分是赞成联邦的,在一流域的东南部有许多康涅狄格河的商业城市。”

哈丁在独立地研究马萨诸塞州反对宪法的情况以后,也得到了同样的结论。他认为那一次斗争的主要因素之一在于,“该州农业区与商业区之间的利益冲突部分是实际存在，另一部分是无根据的想象”。他接着说道，整个的对立“是马萨诸塞社会的贵族分子和民主分子之间的显著的矛盾。……这不单是马萨诸塞一州所独有的经验；自从独立战争以来，大多数的州（如果不是所有的州）都曾发生过类似的斗争。出席费城会议而在宪法上签字的人士，可以有把握地说，在当时都是与贵族的利益一致的。……毫无问题，这种情绪（民主与贵族之间的矛盾的情绪）成为马萨诸塞州代表会议里的对立的最主要的根源”。

哈丁所说的第二种对立的原因，其实也不过是第一种原因的另一种表现而已。贵族集团就是富户及其职业上的附庸组成的集团；民主集团就是农民，他们由于自身的经济条件，不能拥有大批的职业上的附庸。亚当斯充分了解这种阶级分裂的经济基础，并且在他所著的《保卫美国宪法》一书里加以清晰的阐释。汉密尔顿、麦迪逊以及联邦派的全体思想家也都了解这一点。要把民主的兴趣和它的经济根源分别看待，那是一桩多余的工作；事实上，这无助于说明发生作用的实际的力量。哈丁本人也认识了这点，而且在导言里面曾加以清晰的说明。

马萨诸塞州代表会议里的宪法反对者，他们的经济地位和社会地位究竟怎样？哈丁直截了当地回答说：“六个寂寂无闻的人物，许多人连当时的学者都不知道他们的名字。”他接着说道：“其中之一是缅因州新格罗塞斯特的威廉·威杰里，他原是一个贫苦无助的未受教育的孩子，革命之前从英国移居美洲，定居于缅因州；革命期间，曾在一艘商船上担任大副，并积储了一些财产，于1788年在马萨诸塞州议会中任过一届议员。……另一个反联邦派的领袖是缅因州的塞缪尔·汤普森。他是一个自己奋斗出来的人物，具有这类人物常有的那种固执……当时，他很富有，但流于吝啬。……另一个反对派是缅因州的桑福德的塞缪尔·纳森。他生于新罕布什尔，职业是马具匠，后在缅因州作店员，曾一度参加独立战争……最后在桑福德定居，并经营商业。……1787 年，他曾任一届法官，但是拒绝再次当选，因为他觉得自己'缺乏专门教育'。……马萨诸塞州伍斯特县道格拉的约翰·泰勒博士是一个反对新宪法的最知名的反对派……但是关于他的历史和财产，现在就只能找到一点极为有限的材料。他曾是 1787 年州议会的多数派之一，积极促成扩大债务法……该州的另一个著名的反对派代表是布里斯托尔县的法纽埃尔·毕晓普上尉。在他的身上可以看出罗得岛的情绪……他生于马萨诸塞州，曾受过公立学校的教育。他何时或怎样获得上尉身份，迄今无法明了。贝尔克奈普称他为'一个著名的造反者'，他显然担任过谢司派的职务。他首次的议会经历开始于 1787 年的进入参议院，他在那里曾为债务人的利益进行过斗争。"

根据仔细研究马萨诸塞州批准宪法情况的一位学者的说法，在该州始终坚决反对宪法的领导人物的全部名单就是：三个从缅因地区自我奋斗出来的人物和两个债务人利益的代表。再没有比这种组合更能说明问题了。

然而哈丁和利比都不曾分析隐含在马萨诸塞州赋税单上或华盛顿财政部文献里的一些事实。这些事实毫无疑问地说明了促成批准宪法的活跃而且坚决的经济势力，就是动产利益集团，尤其是公债利益集团。如前所述，这些人们从宪法上获得了最多的直接利益。以两三个先令购进的一镑大陆纸币,由于联邦政府的成立,价值会立即上涨起来。马萨诸塞州出席联邦制宪会议的代表们和他们在波士顿方面的友好和附庸是最懂得这个道理的。

在该州,拥有的十一万三千四百二十一镑的六厘准备公债的总额中,有半数以上,即六万五千七百三十镑,集中于埃塞克斯县和萨福克县,波士顿就是它们的中心城市。这两个县出席州代表会议的代表几乎是一致拥护宪法的。在该州的七万三千一百镑的三厘公债的总额中,也有一半以上,即四万三千八百五十七镑,集中于上述两县。在五万九千八百七十二镑的延期库券的总额中,也有一半以上,即三万二千九百七十三镑,集中于上述两县。在九万四千八百九十三镑的本州或合众国的其他证券中,略少于三分之一,即三万零三百二十九镑,集中于上述两县。在该州拥有的十九万六千六百九十八镑的生息货币总额中,就有三分之一左右,即六万三千零五十六镑,集中于上述两县。这些事实支持了上面的推断:公债是一个活跃的因素。

下列各表说明了票数与公债的分布情况,看来也可以证明我们的推断。下表第一组说明了埃塞克斯和萨福克两县——联邦派的据点——的代表的投票情况以及1792年赋税表所透露的这两个县拥有的公债总额:

	赞成宪法	反对宪法
埃塞克斯……	38票	6票
萨福克……	34票	5票

两县所列以备征税的公债统计表

	萨福克	埃塞克斯
6 厘　付息	29228 镑	36502 镑
3 厘　付息	17096 镑	26761 镑
无息	14854 镑	18119 镑
其他　证券	14056 镑	16273 镑
生息　货币	29941 镑	33115 镑

现在我们再看激烈反对宪法的两县在代表会议上的投票情况及其财产。正反票数如下：

赞成宪法	反对宪法
伍斯特……7 票	43 票
伯克……　7 票	15 票

两县拥有的公债和货币如下(见下表)：

	伍斯特	伯　克
6 厘　付息	12942 镑	981 镑
3 厘　付息	8184 镑	665 镑
无息	5736 镑	384 镑
其他　证券	10903 镑	602 镑
生息　货币	25594 镑	6298 镑

从这两个反对宪法的县所拥有的公债来看，我们可以发现几项值得注意的经济事实。在该州拥有的六厘公债总额中，这两个县仅占一万三千九百零五镑，即八分之一左右。在该州拥有的三厘公债总额中，这两个县仅占八千八百四十九镑，即八分之一左右。但是如果从生息货币来看，我们却发现在该州拥有的总额中，这两个县却占有三万一千八百九十二镑，或六分之一。这是不足

为奇的，因为伍斯特是代表债务人利益的谢司叛乱的中心，他们的债权人大都住在邻近地区。

法院里堆满了许多追还债务的诉讼案件，债权人都想通过诉讼把债务人当时不能履行的义务变成比较长期的形式。以伍斯特县而论，人口不到五万人，而1784年的诉讼案却有两千件，第二年的诉讼案达一千七百件。

对于这些数字，有如对其他的统计数字一样，我们必须审慎地加以采用，而且也必须经过更精密的分析之后才能够发现其中的政治意义。我们必须彻底研究里面的细节，例如公债在各城市以及各个人持有者之间的分配情况。

同时，我们却可以有把握地说：在动产比较占优势的地方都是赞成批准宪法的；这些地方都拥有巨额的公债。再者，在拥护宪法运动与持有公债之间无疑地存在一种重要的联系，或者说得具体一点，在马萨诸塞州努力促成批准宪法的主要人物当中，大部分是公债的持有者。

例如波士顿共有十二名出席州批准会议的代表，他们全体都投票赞成宪法。在十二人当中，下列几人均为公债持有者：

塞缪尔·亚当斯　　约翰·科芬·琼斯

詹姆斯·鲍登　　威廉·菲利普斯

小托马斯·道斯　　托马斯·拉塞尔

克里斯托弗·戈尔　　约翰·温斯罗普

换言之，在代表该州金融中心的十二个代表当中，最少有八个人的利害同宪法的命运有关。利害的关系究竟如何，我们无法加以说明，因为存于财政部的总账似乎已经不见了，仅仅留下了准备公债的索引。然而补充的记录却表明了他们中间的几位曾经从事证券的买卖。显然不是公债持有者的四个代表是：约翰·汉考克、凯勒布·戴维斯、查尔斯·贾维斯和塞缪尔·斯蒂尔曼。

在萨福克县波士顿周围的几个城市也有一批拥有公债的人物：

费希尔·艾姆斯——达德姆

约翰·巴克斯特——梅德菲尔德

小约翰·鲍登——多尔切斯特

理查德·克兰奇——布伦特里

J. 费希尔——富兰克林

威廉·希思——罗克斯巴勒

丹尼尔·舒特——欣海姆

英克里斯·萨姆纳——罗克斯巴勒

科顿·塔夫茨——韦默思

埃比尼泽·威尔斯——多尔切斯特

埃比尼泽·沃伦——福克斯博罗

安托尼·威伯德——布伦特里

托马斯·琼斯——赫尔

本杰明·林肯——欣海姆

换句话说，波士顿和萨福克出席马萨诸塞州代表会议投票赞成宪法的三十四人当中，有二十二人是公债的持有者，而且这二十二人除两人（威尔斯和沃伦）以外，可能由于宪法的批准所造成的公债上涨而获得利益。

再扼要地说一遍。萨福克县连同波士顿市选派出席马萨诸塞

州代表会议的代表共有三十九名。其中三十四名投票赞成宪法；在投票赞成宪法的三十四名当中，有三分之二，即二十二名，都是公债的持有者。

马萨诸塞州其他各县选出的宪法的拥护者并不如此普遍地拥有公债；偶尔翻阅一下文献便可发现这个结论是可能真实的。波士顿是联邦主义运动的中心，它为这一次运动提供了经费，终于使新的宪法获得通过。

康涅狄格　在康涅狄格州，投票赞成宪法的为数甚多，因而在表面上没有明显对立的阵线。从各代表在会议上的投票看来，彼此的对立是“零乱的而且无关紧要的。它的两个主要中心，一个是滨海的纽黑文，一个是沿康涅狄格河与马萨诸塞州的几个反对派城市相连的五六个北方边界城市”。值得注意的是，当时有相当多的城市如温泽、诺瓦克、斯坦福、利奇菲尔德、哈特福德和纽黑文，都是赞成宪法的；而反对宪法的大都是内地的小城镇，如康沃尔、诺福克和沙伦。

附图（略）说明了联邦派的城市都是当时康涅狄格州的金融中心。“有斜线的”城市的代表在代表会议里都是投票反对宪法的；半“有斜线的”城市的代表有赞成的，也有反对的；白色显示的城市的代表都投票赞成宪法。每一个黑点代表六厘债券的持有者。一目了然，持有公债与麦迪逊所谓的各资本家的“情感”之间一定存着某种关系。单是哈特福德一地的公债持有者的名额就可以抵得各地反联邦派共有的名额。如果有一幅说明各种财富分配的示意图，那将是一件有趣的事情。

如果我们能够把这一次竞争追溯到各个城市的选举代表大会上去，我们将会取得如何的成就，那是不能想象的。但是地方的文献——即使当时留有记录的——大都已经消失或者需要几年的发掘工作。再者，当时康涅狄格州的捐税制度也不能留下这种研究所最必要的材料，因为“贷与本州和合众国的债款都是免税的”。我们无从断言这究竟是出于一种政府的政策，或者是由于当日的大政治家都是巨额的公债持有者——这已由华盛顿财政部的文献加以证明。没有文献，就没有历史。

然而，有如在马萨诸塞州一样，在这里公债也是批准运动中的一个动力。在康涅狄格州代表会议里投票赞成宪法的有一百二十八人。其中最少有六十五人在宪法实施之前或实施之时，拥有相当数量的公债（从几美元到几万美元不等）。他们的名姓及其代表的城市如下：

内赫米亚·比尔兹利——纽费尔菲尔德

菲利普·B.布雷德利——里奇菲尔德

赫齐卡亚·布雷纳德——哈达姆

丹尼尔·布林斯梅德——华盛顿

吉迪恩·白金汉——米尔福德

撒迪厄斯·伯尔——费尔菲尔德

查尔斯·伯劳尔——甘南

萨谬尔·坎费尔德——纽米尔福

萨谬尔·卡维尔——博尔顿

杰贝兹·查普曼——东哈达姆

莫塞斯·克利夫兰——坎特伯雷

惠勒·科伊特——普雷斯顿

塞思·克罗克——华盛顿

科尼利厄斯·希金斯——哈达姆

本杰明·海曼——索思伯里

凯莱布·霍尔特——维灵顿

杰德迪亚·亨廷顿——诺威奇

萨谬尔·亨廷顿——诺威奇

伊利·海得——富兰克林

萨谬尔·约翰逊——斯特拉特福

理查德·劳——新伦敦

安德鲁·李——里斯本

伊萨克·李——柏林

埃利沙·米尔斯——斯特拉特福

斯特芬·米契尔——维塞菲尔德

约西亚·莫斯利——格拉斯顿伯里

詹姆斯·德文波特——斯坦福

约翰·德文波特——斯坦福

本杰明·道——沃隆敦

约舒亚·邓洛普——普兰菲尔德

伊利法莱特·戴尔——温多姆

皮尔庞特·爱德华兹——纽黑文

奥利弗·埃尔斯沃思——温泽

杰贝兹·菲奇——格林威治

丹尼尔·福特——科尔切斯特

伊萨克·福特——斯塔福德

马修·格里斯沃尔德——莱姆

内森·黑尔——坎南

阿萨夫·霍尔——戈申

杰里米亚·哈尔西——普雷斯顿

威廉·哈特——塞布鲁克

约翰·特雷德韦尔——法明顿

杰里米亚·沃兹沃思——哈特福德

伊卡博德·沃纳——博尔顿

约翰·沃森——东温泽

杰里米亚·韦斯特——托兰德

罗杰·纽伯里——温泽

威廉·诺伊思——莱姆

萨谬尔·H.帕森斯——米德尔城

查尔斯·费尔普斯——斯托宁顿

约翰·费尔普斯——斯塔福德

约舒亚·波特——索尔兹伯里

杰里米亚·里普利——考文垂

伊弗雷姆·鲁特——考文垂

杰西·鲁特——哈特福德

莱谬厄尔·桑福德——里丁

埃帕弗拉斯·谢尔登——托林顿

罗杰·谢尔曼——纽黑文

西米恩·史密斯——阿什福德

乔纳森·斯特奇斯——费尔菲尔德

戴尔·思鲁普——东哈达姆

埃比尼泽·怀特——查塔姆

威廉·威廉斯——莱巴农

约瑟夫·伍德布里奇——格罗顿

伊拉斯塔斯·伍尔科特——东温泽

奥利弗·伍尔科特——利奇菲尔德

我们不要以为经济利益的分配仅限于上述人物。许多个人的名字并未在持有公债的记录上出现,但是其中的多数却属于持有公债的家族。例如维塞菲尔德的代表约翰·切斯特的名字显然不在公债账簿上,但是他在独立战争时是一个上校,无疑曾领有战士的凭券或其他的债券。维塞菲尔德的托马斯·切斯特和萨拉·切斯特的名字都见于文献上面。他们之间究竟有无亲属关系,只要研究一下地方的历史就可以确定。显然,要追溯这些家系必须忍受无限的艰苦。

纽约　纽约州在批准宪法的斗争中,动产集团占了绝对的优势,那是毫无疑问的。利比说,该州"问题最为简单。内地各县——包括最后开发而人烟稀少的农业区域——的全部群众……都是坚决反对联邦的。然而,在这个区域里,却也有两个联邦派的城市(在代表会议上没有代表参加),一为阿尔巴尼县的阿尔巴尼市,一为哥伦比亚县的赫德森市。……联邦派的地区则以纽约市和纽约县为中心:其西南为里士满县(斯塔腾岛);东南为金县,东北为韦斯切斯特县;此外,再向东北有分裂的达特契斯县(其代表在批准宪法会议上有四人投赞成票，两人投反对票）”，东南有分裂的昆斯县和萨福克县。这些以纽约市为中心而向外延伸的地区，形成了一个单位，大体上都是赞成宪法的。具有重要意义的是，达特契斯、昆斯和萨福克等县脱离反联邦派的阵营而参加联邦派的阵营，这样才获致了宪法的通过。

可惜我们无法确定纽约州的动产分布情况，尤其无法确定投入联邦派的各县的财产分布情况，因为当时纽约州在通过宪法期间的租税制度并不明确，不需要一项州的财产记录。因而在纽约州不曾发现有如在马萨诸塞州的那样有用的资料。但是我们却不妨断言纽约市是纽约州的动产中心；在公债活动方面，其地位仅次于费城。

这个相当明确的结论，还可以由 1786 年该州对纸币派提出的法币法案的表决情形加以证实。利比对这次表决情形的分析表明，纽约县以北各县的代表均不反对该案。而在纽约市、纽约县、长岛和斯塔腾岛，共有九票对五票反对该案。把这次的表决和 1788 年批准宪法的表决进行比较，可以看到在联邦派的各县中，有三县反对纸币，一县赞成；分裂的各县，有一县（萨福克）反对纸币，两县（昆斯和达特契斯）赞成。反对联邦的各县，没有一县是反对纸币的。商人们作为一个集团，反对发行纸币，商会还发表了一件反对发行纸币的备忘录。

公债利益集团和硬币派是一致的。在纽约州批准宪法会议上，有三十名代表赞成批准宪法，其中不少于十六人是公债的持有人：

詹姆斯·杜安——纽约

约翰·德威特——达特契斯

亚历山大·汉密尔顿——纽约

理查德·哈里森——纽约

乔纳森·黑文——萨福克(以一个宗教团体的信托人身份出现)

约翰·杰伊——纽约

萨谬尔·琼斯——昆斯

菲利普·利文斯通——韦斯特切斯特

罗伯特·R.利文斯通——纽约

尼古拉斯·洛——纽约

理查德·莫里斯——纽约

伊萨克·罗斯福——纽约

高任·赖里斯——里士满

约翰·史密斯——萨福克

梅兰克通·史密斯——达特契斯

菲利普·范·戈特兰——韦斯特切斯特

杰斯·伍德霍尔——奥兰治

新泽西　新泽西州也是这样的一个州：它们匆匆批准宪法，不给农民派组织自身力量的时间。根据记录，新泽西州代表会议的表决是全体一致的。鉴于在前一年纸币派曾能以微弱多数通过一项发行纸币案，那么这一次的一致通过是颇为意外的。如果当时不是有一种反对通货膨胀的强烈反应，就是联邦派的活动经过完善的组织。债务人与纸币派似乎没有提出什么反对。

不过我们必须承认，新泽西州的批准经过迄今尚未得到仔细的研究。利比的叙述殊为简略，而老作家如班克洛夫特和柯蒂斯则以其一贯的不深入而加以忽视。可惜该州的会议文献几乎荡然无存；财政部所存的新泽西州公债办事处的卷帙也只剩下了一些残篇断简。除非深入研究该州的地方历史，我们对于该州只好暂置不论。

该州有十三个县派有代表出席制宪会议，有九县各派有一个以上的代表，他们至少都拥有一笔小额的公债，因而也都学到了财政上的基本知识。由于该州的文献不足，我们不能加以充分的说明。伯根县选派了三个代表；其中约翰·费尔的名字见于土地处证券的登记册上；彼得·扎布里斯基是否为公债的原始应募者或证券所有者，均未见记录，但在以后的总账上面曾有雅各布·扎布里斯基的名字。埃塞克斯县的代表约翰·切特伍德和戴维·克兰都是公债持有人；米德尔塞克斯的全部代表约翰·贝蒂、约翰·尼尔森和本杰明·曼宁；萨默塞特的代表弗里德·弗里林海登；格罗斯特的代表安德鲁·亨特；萨勒姆的代表埃德蒙·韦瑟比；亨特顿的代表戴维·布里尔利和乔舒亚·科森；莫里斯的代表约翰·雅各布·费施；埃塞克斯的代表罗伯特·格登和托马斯·安德森以及秘书萨姆尔·斯托克顿，都是有相当数量的证券持有人。这样，除了坎特伯兰、五月角、柏林顿和蒙默斯四县以外，每县都有拥护公债的代言人。

特拉华　特拉华州虽然有一个强有力的纸币派，可是他们对于宪法的批准似乎不曾发生任何重大影响，因为该州是首先批准宪法的一个州，而且表面上是完全一致的。关于当时选举的竞争情形，尚无详细的研究；而财政部所存的该州公债办事处的卷帙也

不完备。租税方面的记录也很少可以利用。其所以没有竞争的迹象，当然是由于当时进行活动的经济势力曾加以掩饰。

宾夕法尼亚　这个州的分歧情况与特拉华州的一致形成一种强烈的对照。据利比说，“该州内陆山地各县，从斯库尔基尔河上游直至阿勒格尼河和莫依加希拉河，中间除亨廷顿一县(有一票赞成联邦)外，都是反对宪法的。……联邦派的区域包括……约克、兰卡斯特、切斯特、蒙哥马利、费城、巴克斯、卢泽恩、北安普顿以及该州人口最多、大半是富户名流和商人阶级的地区。在一个反对联邦的县里，有四百居民的匹兹堡却是拥护联邦的”。

宾夕法尼亚东部各县出席州代表会议的代表，有一人以上为公债持有人。费城市和费城县的十位代表中的五人，即乔治·拉铁摩尔、詹姆斯·威尔逊、托马斯·麦基恩、萨缪尔·阿什米德和伊诺克·爱德华兹等人，都是经营证券的，他们全部赞成宪法。巴克斯的代表巴克利是一个大户，他的账户名下存款有一万七千零五十六美元五十六美分。切斯特的六位代表中的两人，即约翰·汉纳姆和托马斯·布尔，都是公债持有者。蒙哥马利县的詹姆斯·莫里斯；约克的约翰·布莱克和戴维·格里尔；卢泽恩的蒂莫西·皮克林；北安普顿的斯蒂芬·巴利埃特、戴维·德希勒和约瑟夫·霍尔斯菲尔德等人，都拥有公债。兰卡斯特的代表贾斯珀·耶茨(一个大户，一笔记载就是一万一千九百八十六美元六十五美分)、罗伯特·科尔曼、塞巴斯蒂安·格拉夫和约翰·赫布利(该地区六位代表中的四人)，都深知一个新的稳定的政府对于公债的关系。

换句话说，在宾夕法尼亚州代表会议上投票赞成宪法的四十六位代表当中，最少有十九人在通过宪法时或这一时间的前后，都拥有公债。他们的名字详见下列名单，但这个名单并不完全，因为宾夕法尼亚州的簿籍既不完整，而公债的兑换又多半不经该州公债办事处而直接向财政部办理，其中一部分早期簿籍可能已在财政部的一次火灾中烧毁：

萨谬尔·阿什米德	罗伯特·科尔曼
斯蒂芬·巴利埃特	戴维·德希勒
约翰·巴克莱	伊诺克·爱德华兹
约翰·布莱克	塞巴斯蒂安·格拉夫
托马斯·布尔	戴维·格里尔
约翰·汉纳姆	托马斯·麦基恩
约瑟夫·霍尔斯菲尔德	托马斯·莫里斯
约翰·赫布利	蒂莫西·皮克林
乔治·拉铁摩尔	詹姆斯·威尔逊
贾斯珀·耶茨	

我们还有其他材料，可用来研究宾夕法尼亚州代表会议成员的经济利益。麦克马斯特和斯通在其所著的关于该州宪法批准会议经过的著作中，曾附有出席会议的代表的小传，其中有多处涉及他们各人的经济利益。下表就是根据这些小传制成的；关于代表的职业和利益，尽量采用作者的原文。读者可从所列各项事迹中得出自己的结论。

投票赞成批准宪法的代表

约翰·艾利森　“受过完全的英语和古典教育”；于 1781 年定

居于格林卡斯尔市郊；(独立)战争中，任上校。

约翰·阿恩特　其父为博什基尔的一个工场主；(独立)战争中曾任军需委员；“曾向政府提供巨款，其中大部分已得到偿还”；晚年“从事商业”。

萨缪尔·阿什米德　“关于他的早年历史，所知甚少，仅知他受过良好教育，学习经商。”(拥有公债)

希拉里·贝克　“受过古典教育，从事商业，成为铁商，经营该业多年。”

斯蒂芬·巴利埃特　“所受教育极为有限，随其父学习经商”；曾为北安普顿县的充公地产经纪人。历任官职。(独立)战争中任上校。(拥有公债)

约翰·巴克利　“为皇家官吏亚历山大·巴克利之子，曾受古典教育。”(独立)战争中任上尉，为辛辛那提会[1]会员。曾任北方自由银行行长。(拥有公债)

约翰·布莱克　拿骚学校毕业。为当时长老会的一个著名牧师。(拥有公债)

约翰·博伊德　关于他的早年历史及教育，所知甚少。参加过(独立)战争。辛辛那提会会员。战后“在诺森伯兰经商”，在一所工厂拥有股份。

托马斯·布尔　“缺少教育”，“学过石匠。革命前任沃尔威克铁厂经理。”参加(独立)战争后，仍任此职。(拥有公债)

托马斯·坎贝尔　“职业为农民。(独立)战争中任上尉，为辛

① 参加过独立战争的军官组成的会社，成立于1783年。——编者

辛那提会会员。”

斯蒂芬·钱伯斯　律师。（独立）战争中任上尉，辛辛那提会会员。

托马斯·切尼　“为一聪明、进步的农民。”其祖父将桑柏利的大地产的一半遗赠其父。

罗伯特·科尔曼　“他以自己的能力和坚忍，成为宾夕法尼亚州的最成功的铁商。”（拥有公债）

戴维·德希勒　“先为店员，后营面粉和锯木厂。在合众国与宾夕法尼亚州财政困乏之时，他曾自解私囊垫款。”（拥有公债）

理查德·唐宁　经营一所漂布、碾粉和锯木工厂。

伊诺克·爱德华兹　“曾受古典教育，学过医，（独立）战争中任军医。”（拥有公债）

本杰明·埃利奥特　“于革命前定居亨廷顿市”。多次担任地方官职。固定职业不详。

威廉·吉本　曾在费城市住居，其后移居于“其父母留给他的一个农场”。曾任地方官职。中校。

塞巴斯蒂安·格拉夫　为兰卡斯特一个“店主”的儿子，“（独立）战争爆发时经营商业”。（拥有公债）

乔治·格雷　为一富有的朋友会会员乔治·格雷的五世孙。官吏；参加过（独立）战争；富绅。

戴维·格里尔　受过古典教育。律师。参加过（独立）战争，上校衔。（拥有公债）

约翰·汉纳姆　定居于一个大农场里。地方官吏。（独立）战争中任上校。（拥有公债）

托马斯·哈特利　受过古典教育。律师。(独立)战争中任上校。辛辛那提代表。在革命时期购买了一千英亩一块的土地。

约瑟夫·霍尔斯菲尔德　曾受良好教育。在华盛顿任内任地方邮政局长。(拥有公债)

约翰·赫布利　律师。(拥有公债)

约翰·胡恩　(独立)战争爆发时任商船船长。战争期间参加武装巡航工作,也参加过战斗。

秀治·拉铁摩尔　商人;银行董事,大资本家。(拥有公债)

托马斯·麦基恩　曾受古典教育。律师。数任官职。参加过(独立)战争,辛辛那提会会员。大资本家。(拥有公债)

威廉·麦克弗森　为"一个在法国—西班牙战争中著名的私掠船船长"的儿子。受业于新泽西学院。英军军官,参加美洲革命。少校。辛辛那提会会员。颇有资财。

詹姆斯·莫里斯　拥有父亲留下的"一所住房、一个面粉厂和九十四英亩的土地"。(拥有公债)

米伦伯格　就学于哈雷大学。牧师,参加过革命战争的政治活动。多次担任官职。

约翰·内维尔　士兵,大地主。官吏,辛辛那提会会员。

本杰明·佩丹　农民,官吏。

蒂莫西·皮克林　哈佛大学毕业,参加过(独立)战争,任副官长,辛辛那提会会员。律师,官吏,土地投机家。(拥有公债)

约翰·理查兹　拥有一处膏腴的土地。他是"一位进步的农民、店主和铁商"。

乔纳森·罗伯茨　农民出身。官吏。

本杰明·拉什　新泽西学院毕业，费城名医。

托马斯·斯科特　定居于西宾夕法尼亚，农民。后任地方官吏，于1791年执行律师业务。

亨利·斯莱格尔　省长。曾参加（独立）革命，历任政务官，与公债办事处有关系。

亚伯拉罕·斯托特　似乎是“有影响的农民”。

安托尼·韦恩　为一农民和丈量员的儿子。士兵，辛辛那提会会员。

詹姆斯·威尔逊　律师。1787年制宪会议代表。富有的土地投机家。（拥有公债）

威廉·威尔逊　战时军官，官吏，商人，工场主。

亨利·温库普　受过大学教育。（独立）战争中任少校，官吏。

托马斯·亚德利　农民，拥有大量的土地。

贾斯珀·耶茨　就学于费城学院，律师，法官，当时的富翁。（拥有公债）

反对批准宪法的代表

约翰·贝尔德　“收购土地”，而“成为阿利格尼山脉以西的著名人物”。历任地方官吏。

理查德·巴德　农民和工场主。

约翰·毕晓普　“农民出身，一生从事农业……有广泛的商业关系，并且成为一个铁商；拥有大量的土地。”

纳撒内尔·布里丁　曾受古典教育，教过书，参加过（独立）战争，历任官吏。“为了服从他的选民的意志，他没有在批准书上签字。”

威廉·布朗　为一农民的后裔;边疆居民;参加过(独立)战争。

詹姆斯·埃德加　生于农场,死于农场。

威廉·芬德利　曾受过良好的英国教育。“战争行将结束时,举家迁往西宾夕法尼亚,并且购买了大批的土地……在该地直至去世。”

约翰·安德烈·汉纳　曾受古典教育;获律师资格,是哈里斯堡的一个成功的律师。

约翰·哈里斯　农民,定居于米福林镇。

约瑟夫·希斯特　曾受初步的良好教育,“行将成年时,在他的父亲的农场上工作,旋即赴里丁市学习经商”。参加过(独立)战争。

乔纳森·霍格　生平不详。

亚伯拉罕·林肯　生长于农场,卒于农场,曾任地方官吏。

约翰·路德维格　为一殷实的农民,参加过(独立)战争。地方官吏。

尼古拉·洛茨　为一面粉厂技师,曾在里丁附近建一所面粉厂。参加过(独立)战争。

詹姆斯·马歇尔　“大约于革命前三年移居于西部,定居于今日的克罗斯·克里克乡。”边民,地方官吏。

詹姆士·马丁　生于坎柏兰河谷,居于当时(1772 年)的科尔兰乡。参加过(独立)战争。

亚当·奥斯　“在宾夕法尼亚州的充满危险与斗争的拓荒生

活中长大成人;受过有限的'偏僻定居地'的教育……他是莱巴农县制铁业的先驱之一。"

约翰·雷诺兹

约瑟夫·鲍威尔

约翰·斯迈利　其父定居于兰卡斯特县,农民。1781年,约翰·斯迈利"举家迁往当时的威斯特摩兰县,"即边疆地区。官吏。

威廉·托德　大约于1765年来到西宾夕法尼亚,"其后迁至威斯特摩兰县,定居于所受领的土地上"。

约翰·怀特希尔　"是1723年定居于佩奎亚克里克的一个爱尔兰移民的儿子。"曾受良好教育。地方官吏。死时留下"一笔庞大的地产"。

罗伯特·怀特希尔　为约翰·怀特希尔的兄弟。1771年,他迁至坎柏兰县,居于哈里斯堡以西两英里的一所农场上。有广泛的社会经历。"死于坎柏兰县的寓所——在萨斯奎哈纳以西两英里处。"显而易见,他主要以农业为生,颇有资产。

显然,就经济方面的情况而论,上面的叙述多少是近于表面的,因为上列人物的财产形式在宾夕法尼亚州代表会议时所占的比重并不清楚,超出双方正常界限的错误在所难免。因而我们也不能根据这些材料把上列人物加以分类;但我们亦不妨粗略分析如下:

在三十八个赞成者当中,有十人或四分之一,基本上代表了农业的利益。在十八个反对者当中,有十三人或二分之一以上,基本上代表了农业的利益。在四十六个赞成者当中,有二十个是资本家和律师；在二十三个反对者当中，仅有四人属于这些范畴。即使我们的计算有若干错误，我们仍可以获得如下的结论，即：宪法反映的动产利益超过它反映的不动产利益。（见下表）

	赞成宪法者	反对宪法者
商　　人	4	1
律　　师	8	1
医　　生	2	
牧　　师	2	
农　　民	10	13
资 本 家	12	3
总　　计	38	18

马里兰　在马里兰州，城市的商业利益集团都赞成宪法；又因为城市都是公债的买卖中心，也就必然加重了这一方面的分量。反对宪法的人都是农业区的，尤其是纸币派的那些选民。利比发现，在该地，纸币派和债务法之友同 1788 年的反联邦派从各方的领导到一般成员，都是一致的。

但是应当指出，现在我们正在离开小农和自由劳动者耕种的地区，而走进奴隶制和种植园制支配着农业经济的地区。在这里，使用奴隶的大农场如此广泛，而小农阶级如此受到限制，以致纸币派如果不吸收其他方面的人士参加，他们早就削弱下去了。一位当时的人物在谈到当时选举代表会议代表一事时说："只有巴尔的摩和哈特福德两县是明确反对联邦的，这里有许多有势力的著名的人物，他们大量投机英国的充公财产，也就是为了这种理由而害怕对州纸币关闭大门。这些人物以及他们的亲友都曾以相当数额的跌价的大陆币缴付国库，因而他们也更加猛烈地反对联邦。他们害怕概括的规定……因为它可能由于实现英美条约而使他们受到损失。”

弗吉尼亚　查尔斯·H.安布勒博士对于该州政治上的经济势力曾加以详细的研究。他研究过各区的经济特点的地理分布，首先提到了海滨地区。他说，“海滨地区的产业、社会和政治生活集中于大地产上面……这里的社会发展状况类似祖国的社会。它包括几个界限分明的阶级。沿着几条大河居住着许多大地主，他们过着骄奢淫逸的生活。在他们下面是一群混血儿，他们是土地所有者的年轻子女的后裔。他们都有上层阶级的骄傲和社会情趣。但是却没有上层阶级那样的财产。再次是‘僭窃者’，他们是企业家，却不是名门望族。……下面是平民，他们大半都是非常贫困的。一子和长子继承制度使这些阶级维持不变”。海滨地区几乎是一致赞成宪法的。

弗吉尼亚的第二个区域，根据安布勒的说法是皮德蒙特区，这里有许多方面类似海滨地区，但是也有自己的特色。“皮德蒙特虽然比海滨地区大了一倍又三分之二，而这里在1790年的黑奴人口却远不及海滨地区。北方殖民地的移民源源而至。他们大都反对奴隶制度，因而也不肯种植烟草。在另一方面，海滨地区里比较穷的白人由于大农场的逐渐发展，也被迫迁到皮德蒙特的比较贫瘠的地区。由于缺乏能力和谨慎顾虑，他们始终不能成为大农。这些分子在皮德蒙特构成了一大批民主的和不蓄奴的人口。”这个区域大部分是反对宪法的。

其次主要是苏格兰—爱尔兰人和德国人居住的河谷区域，这里的经济基础是小农经济。据安布勒的说法，这里的政治理论“与东部的理论迥然不同。德国人和苏格兰—爱尔兰人把经年累月的宗教战争的神圣传统带进了这个区域，这种传统教导他们憎恨国教，反对特权阶级操纵的政府，爱好公民和个人的自由。对苏格兰—爱尔兰人来说，公民自由就是个人自由、绝对所有权并对公民的尊严敞开大门”。这个区域的市场在巴尔的摩和费城。这个事实与同某些社会特点，可以视为该区多数赞成宪法的原因。但是对该区赞成新政府的情绪尚未曾加以经济上的解释。

该州西部为肯塔基地区，这里的边疆经济的特点是无须多费笔墨的。这里的情绪几乎是一致反对宪法的。

在通过全国新宪法运动期间，弗吉尼亚西部的自给自足地区实际上持冷漠的态度；至于该州的东部，则渴望实现一切变革。安布勒说，这时“海滨的城市受到英国对贸易限制的拘束，都希望改善州际的商业关系。集中于这些问题上的许多请愿书中，诺福克的请愿书也许是最有意义的。它声称，对西印度群岛的贸易限制与外国的商业垄断正在危害弗吉尼亚，同时要求对英国贸易加以限制并且改善州际的商业关系。弗雷德里克斯堡、法尔默斯、亚历山德里亚和罗亚尔港也都提出同样的请愿书”。

东部地区反对西部区域的冷淡和反对态度，他们在选举出席联邦制宪会议代表的竞争中占了优势。华盛顿、麦迪逊、梅森、亨利、伦道夫、威思和布莱尔等人被提名——“除了亨利和麦迪逊之外，其余都是海滨地区的居民。”这种结果部分由于海滨地区在州议会里占有过多的代表席位，部分由于有关的利益集团的团结。

表现在选举出席联邦制宪会议代表方面的同样经济矛盾，也表现在该州批准宪法的代表会议上。安布勒说："内地的民主领袖们宣称，它(宪法)牺牲了州的主权。因而他们进行了拼死的斗争，以保证选出反对批准宪法的代表。选举结束后，谁也不能预料哪一方面会获得胜利，因为双方是势均力敌的。海滨地区派出了一个赞成宪法的强有力的代表团，其中包括了弗吉尼亚律师界的佼佼者、从前的亲英分子和多数商业集团的代表。另一个赞成宪法的代表团来自该州的河谷和西北部地区。他们大都在革命军里面服过役，而且主要受了华盛顿的影响。肯塔基和皮德蒙特的代表却是反对宪法的。……投票的结果是：赞成者八十九票，反对者七十九票。……实际上，所有下海滨地区的代表都赞成宪法。只有谢南多亚河谷和外阿勒格尼的两位代表投票反对。民主的皮德蒙特和肯塔基的代表几乎一致投票反对。"

安布勒的这些结论和利比的研究几乎是相同的。利比在论及弗吉尼亚州关于表决宪法的投票分布情形时说："这里可以看到四个界限分明的区域。……第一是东部，包括弗吉尼亚的海滨各县。这里投票赞成宪法的占百分之八十，反对的占百分之二十。这个地区有许多大城市，商业利益集团在这里占优势。中部地区位于蓝岭迤西，代表该州内地的农业利益；其人口大部分为小农阶级。这里投票赞成宪法的占百分之二十六，反对的占百分之七十四。第三个地区为西弗吉尼亚区，包括人口集中的谢南多亚河谷和人烟稀薄的外阿勒格尼区。这里也是一个农业区域，人口主要是来自宾夕法尼亚州的苏格兰—爱尔兰人和德国人。……这里投票赞成宪法的占百分之九十七，反对的占百分之三。……第四个区域为肯塔基区，包括卡纳华河以西直至坎柏兰河的地区。这里投票赞成宪法的占百分之十，反对的占百分之九十。……在决定这一区域的投票态度时，开放密西西比河问题是一个决定性的关键。”

公债在坚决赞成宪法的弗吉尼亚各县里，也有相当的作用；这可以从各城市和海滨区选出的出席代表会议代表（除了托马斯·里德以外，全都赞成宪法）的名单中看出来：

费尔法克斯县——戴维·斯图尔特*；查尔斯·西姆斯*

金乔治——伯德特·阿什顿；威廉·托姆顿

威斯特摩兰——亨利·李*；布什罗德·华盛顿*

诺森伯兰——瓦尔特·琼斯；托马斯·加欣斯

里士满县——沃克·汤姆林*；威廉·皮奇*

兰卡斯特——詹姆斯·戈登；亨利·托尔斯

格罗斯特——沃纳·刘易斯*；托马斯·史密斯

纽克——约翰·布莱尔*；乔治·威思*

安妮公主城——安托尼·沃克；托马斯·沃克

诺福克——詹姆斯·韦布；詹姆斯·泰勒*（朴次茅斯）

亨里科——（里士满城）——埃德蒙·伦道夫*；约翰·马歇尔*

詹姆斯城——内斯尔·伯韦尔*；罗伯特·安德鲁*

伊丽莎白城——米尔斯·金；沃利奇·沃特伍德

夏洛特——保罗·卡林顿*；托马斯·里德

上列人名有*符号者均拥有相当数量的公债，其名字见于财政部所存的弗吉尼亚公债索引上。无*符号者，其名字则未见于这些簿籍上。

北卡罗来纳　北卡罗来纳州最初就以压倒优势反对联邦。它具有特殊的经济特点。它虽然位于南方，却拥有大量的小农，它不像南卡罗来纳那样其经济特点是奴隶耕种的大农场。与马萨诸塞、纽约、马里兰、宾夕法尼亚、南卡罗来纳及其沿海城市相比，它仅有小量的商业利益。最重要的事实也许在于该州所拥有的公债大部分集中在北方的几个城市，而不为具有关键性影响的当地居民所有。这对该州批准宪法运动的态度，必然具有极大的影响。

基于这些特点，我们不能把北卡罗来纳严格地划分为几个经济区域。不过利比也略加划分。"围绕着阿伯马尔河和帕姆利科河河湾的各县，构成了联邦派区域的基干。……这里是开拓最早和人口最密的地区，代表了该州大部分的工商业利益。"这个区域加上岛屿区域，后来倾倒到联邦派方面，遂使该州通过了宪法。第二个区域位于该州的中心，"其利益完全是农业的；"这个区域坚决反对联邦。此外，反对联邦的尚有田纳西地区，反对宪法的理由与西弗吉尼亚的理由相同。

南卡罗来纳　南卡罗来纳州在批准宪法时反映出来的经济因素最为简单。在这里我们可以看到两个界限分明的区域。利比说道，"两个对立的区域就是：(一)滨海地区或下部地区，(二)上部地区或中上部地区。滨海地区开拓最早，而且拥有该州较大部分的财富；其工商利益甚为重要；其教会是受州支持的圣公会"。无须说明，这个地区是绝大多数赞成宪法的。上部地区反对宪法，"为一边疆地区，开发最晚，土地肥沃，其庞杂的居民多为小农。……这里没有国教，每一集团各自支持自己的教会；在这个地区，彼此的差别甚大"。

当代的一位作家哈珀,曾提醒我们注意如下事实,即下部地区——查尔斯顿、波弗特、乔治城——仅拥有白人二万八千六百九十四人,在州代表议会中所占的席位约为十二分之五,而在1794年缴纳的租税为二万八千零八十一镑五先令十便士;同时上部地区拥有白人一万二千零九百零二人,在州代表议会中所占的席位为十二分之五,而缴纳的租税仅八千三百九十镑十三先令三便士。于此可见,赞成宪法的下部地区拥有该州的财富,同时,如果根据按人口比例分配代表名额,这个地区在代表会议中却占了不相称的席位。

这种经济利害的不同也表现在1794年该州的赋税报告上。该报告说明在该州列入课税范围的价值十二万七千三百三十七镑的商品、资财等当中,有十万九千八百镑集中于联邦派的据点查尔斯顿市和查尔斯顿县。在该州的城市和乡村的价值六十五万六千二百七十二镑的各种财富之中,有五十四万九千九百零九镑集中于上述两种城市。

财政部所存的南卡罗来纳公债办事处的文献,说明该州的公债大量集中于查尔斯顿地区。

在圣菲利普、圣迈克尔和查尔斯顿等地区选出的三十一名代表(他们全体赞成宪法)当中,最少有十四名代表拥有价值七万五千美元以上的公债,他们的名字如下:

约翰·布莱克　　伊萨克·莫特
丹尼尔·坎农　　C.C.平克尼
爱德华·达雷尔　　约翰·普林格尔
约翰·F.格林克　　戴维·拉姆齐

威廉·约翰逊　　　内森黑尔·拉塞尔

托马斯·琼斯　　　乔赛亚·史密斯

刘易斯·莫里斯　　丹尼尔·德苏絮尔

佐治亚　佐治亚州是迅速而且一致赞成通过宪法的一个州。即使当时该州也曾发生过争执，但迄今无文献可资查考；也未曾有人就该州的手写记录加以彻底研究。利比对于该州未加详论，仅仅提出1787年夏秋之间边境区印第安人的威胁应是迅速通过宪法的主要原因，因为宪法允诺以国家的武力保护各州。

根据本章所提供的材料似乎可以得出三点结论：

既然批准宪法运动特别集中于商业、制造业、公债和动产利益集团最有势力的地区，我们不能不得出如下结论，即：动产所有者把新的政府视为一种力量并且保障他们的利益。

既然许多宪法运动的领袖都是公债的持有者，既然公债在动产当中占了那样庞大的部分，这种经济利益在促成新制度的通过方面，如果不是占优势的因素，也是一种十分活跃的因素。

各州代表会议似乎并不比费城会议更为“无私”，不过，事实上，新政府的主要斗士看来大部分是同样讲实际的类型，有实际的经济利益遭受威胁的一班人士。

反对宪法的人几乎全是来自农业区和债务人已在那里制订关于纸币或其他的贬值计划的地区。

第十一章　同时代人关于批准宪法的经济斗争的看法

我们已经揭露了同宪法的制定和批准有关的社会冲突的本质，而且指出了参加这种冲突的人物的成分及一些利益集团，我们现在可进而考察当时的重要思想家是否也看到了这个过程所表现的矛盾的本质。这种工作虽然不是十分重要的，但却不失为一种有趣的事情。详细叙述这种考察的结果，势非本书的篇幅所能胜任，因而这里只能举出一些具有代表性的意见。

如果一个人花费了几星期的时间，仔细研究1787年至1789年间的通信、报纸以及小册子，谁都不免要作出如下的结论，即当时在以纸币和农业利益为基础的平民派与集中都市而以工商金融和动产利益为基础的保守派之间，曾经存在着一种根深蒂固的冲突。诚然，许多小册子仅仅注意关于宪法的各种特征的争论，但是寻根究底的作者，例如《联邦党人文集》的作者与比较严肃的反联邦主义者，不仅注意到细节的争执，而且仔细注意到斗争的基本原因。

宪法反对者所提出的许多浅薄的理由都被麦迪逊揭穿了。他在1788年10月致杰斐逊的一封信里写道："随信奉上的小册子，将会使你了解各州代表会议提出的对于新宪法的各种修改意见。

意见纷杂，可是显然忽视了反对派的许多真正的理由。关于条约、纸币和契约的条款，比这种制度的实在的和消极的错误加在一起所树立的敌人还要多。”

比较谨慎的拥护新制度的作者常常把力量用在抚慰反对者上面，而不是用于挑起更加深刻的矛盾。但是就在这一类持和解态度的出版物上，也常常提到他们希望从通过宪法得到物质利益。

下面是一篇温和的演说摘录，这篇演说辞发表于制宪会议正在进行讨论之际，题为“告美国的自由人”：“让曾经借钱给国家的债权人、曾经为国服务的士兵和公民走上前去，协助建立一个有效力的联邦政府。只有依靠美洲的联合的力量和资财，他们才可以获致永久的和实在的正义……让居住我国西部的美国公民迅速获得一种联邦的防卫力量（以抵抗印第安人）……让呻吟在直接税重负之下的农民从一种政府那里得到救济，这种政府的广泛权力可以使它通过征收关税开辟国家的财源。让那些对外国强加于他们的船只的限制感到不满的商人团结起来，建立一种力量，以报复这些危害，而且以统一的商业管理制度保证他们的正当营业的成功。让彷徨失业的制造者和工匠注视着一个各州的立法机关吧。只有他们的力量才会鼓励我国繁荣所系的工艺和制造。”

在批准宪法问题上斗争最烈的各州的论争文献上，我们发现有最坦率地承认这样的事实：即，一个财产利益阶级与另一个阶级发生冲突。这种承认在对反对者的攻击中，看来不如对那些在斗争中最受威胁的阶级所作呼吁中的承认那样多，虽然它对于债务者和纸币派的痛詈怒骂也是十分常见的。商人、富翁、公共债权人常受到劝告，要他们支持宪法，理由是他们的经济安全依赖于新的政府的建立。

批准宪法斗争的精神的最妙的反映，也许就在于反对者对于对方主张的讽刺。一篇反联邦派的论文以最简练的文字揭示了刺激宪法反对者的阶级偏见，写法是这样的："出身高贵，重复九次——贵族政治，十八次——出版自由，十三次——信仰自由，一次——黑奴制度，一次——陪审官审判，七次——伟人，六次——威尔逊先生，四十次——把这些字眼放在一起，高兴的时候便把它们讲得娓娓动听吧。"

对于这种挖苦他们主张的文字，反联邦派发表了一篇题为"每一个联邦主义者的政治主张"作为回答："我相信上次会议的正确、完满的智慧和无限的完美；或者换几句话说，我相信某些人士的天性是那样的完美，使他们绝无可能犯下错误或图谋罪恶。我相信大部分人民都不能判断自己切身的利害，因而他们应该接受优秀人物的意见的指导……我相信贵族政治是最好的政体……我相信陪审官审判和出版自由应该从一切明智的政府中驱逐出去……我相信新宪法可以成为自由的堡垒、困苦的慰藉、正义的真谛和全体人类的奇迹。总之，我相信它是全世界从未有过的最好的政体。我相信，讲话、写作、阅读、思忖或听取任何反对这个拟议的政府的东西，都是大逆不道的，而且触犯了制宪会议的无上尊严。最后．我还相信任何与我的信念不同的人，都是穷凶极恶的罪人。阿门。"

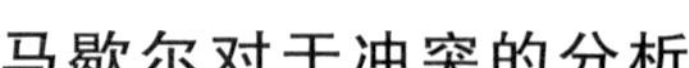

马歇尔对于冲突的分析

不要认为，只有自己的观点在这场激烈的斗争中被歪曲的党人才会看到这种在形式上往往表现为“贵族政治”与“民主主义”之间的论争的经济利益的矛盾。相反，最敏锐的思想家也都理解这种矛盾——事实上，人们可以说：观察家愈有智慧，则愈能明了这种争执。我们已经谈过麦迪逊在宪法制定过程中的想法。除了麦迪逊之外，也许就是马歇尔最了解新宪法的性质、了解产生新宪法的社会力量以及新宪法所要达到的重大目的了。在法庭上以首席法官的身份说话时，他当然使用了法学上的词汇，而且认为宪法是全民的创造。但是作为一个卓越的历史家，他却不为法庭和律师的传统用语所囿，而正确地说明了导致通过宪法并且使宪法具有自己特征的经济冲突。在他的名著《华盛顿生平》一书里，他毫无错误地说明了这种冲突：

1. 首先，商业利益集团在《邦联条款》下，遭受了痛苦。“对于贸易来往普遍不满。这种情绪开始于北方的本地商人，他们发现自己不能在自己的港口和外国人竞争；不久，这种情绪便传到了其他地方。波士顿的报纸发表了几篇十分泼辣愤激的演说，其结果产生了该市政府的一些决定、致州议会的申请书、致国会的一封请愿书以及寄发全美国沿海港口商人的一封通知书。……费城的商人向该州议会提出了一封备忘录；他们在备忘录里指出，宪法的基本的缺点在于没有将处理美国商务的全权赋予国会……之后，他们便请求该议会力促国会内各州建议将处理美国商务的各种必要权力授予国会。”

2. 公债债权人对于旧政府已经失掉了信任。“当大家知道邦联政府没有基金，而且没有完整的和独立的主权，不能要求任何人支付累积的利息时，邦联公债一定要惨跌下去，那是不足为奇的。

但是在设有为支付利息做年度的充足准备的那些州，公债的贬值只能说由于对没有一定原则的政府缺乏信心；因而这并不是完全不值得注意的。许多州曾禁止贬值的通货流通，或者不能为支付利息提供年度的基金准备；在许多这一类的州里，每镑的公债的值往往跌到十先令、五先令，甚至不到四先令。尽管当时的议会的行为是无可非议的，而日后的危险却太大了，没有巨额的贴水那是不能抵偿的。”

3. 基于对财产权利的看法不同，整个合众国发生了明显的分裂。马歇尔说：“最后在每一州都形成了两个派别，界限分明而且各有不同的目标。一派以不屈不挠的热心争取公私契约的完全履行。他们认为，一个国家或私人的信用是一种神圣的誓约，破坏这种誓约为道义和健全政策的原则所不容。他们认为个人的困苦只能以勤俭加以补救，而不能用废弛法律或牺牲别人的权利来解除。从而他们主张正常的司法管理和有力的赋税措施能使各州履行自己的契约。除了极少数的例外，他们也都赞成扩大联邦政府的权力。……

“另一派的特色在于慈悲。他们以一种极端恻隐的心情看待债务人，不断为救济他们而努力。依照他们的意见，严格履践契约为人民不能忍受的苛行。他们一致赞成放宽司法管理，方便还债或延长债期，减低租税。基于同样意见，他们反对使自己手中的权力移交国会的一切企图。在许多州里，这一派占了决定性的多数，而在各州里也不失为十分有力的派别。在他们占有完全优势的地方，他的统治成绩就是发行纸币，拖延讼诉程序，暂缓征税。在全国各地，这两派的斗争是定期重演的；人心总是不断地激动着，对那些影响社会一大部分命运的问题怀着希望和恐惧。”

4. 这两个对于财产权利意见不同的派别对立得如此尖锐，因而远非“全民”创制的宪法几乎整个失败。首席法官的这种陈述十分明白，而同他的至高无上的法律性质的法学理论却显得背道而驰，因而我们必须把两者同时加以研究。基于这种理由，我们把马歇尔的两种观点并列如下：

“在某些州，两派是势均力敌的，因而甚至经过了相当时间的讨论之后，宪法的命运尚难预料。在许多州，赞成方面的‘多数’数量甚微，因而使人有充分的理由相信，如果没有人的影响，宪法将无法获得通过。毫无疑问，在通过的各州里，多数人民都是反对宪法的。各州提出的许多修正说明了它们接受新政体是勉强的。同时，诱致大家同意宪法的并不是大家对于宪法的赞许，而是大家都畏惧分裂。……北卡罗来纳和罗得岛最初并未接受宪法，而纽约也显然因为不愿被排除于联邦之外，才赞成宪法的。”——马歇尔。见他的《华盛顿生平》，作于1804至1807年。

“〔合众国〕政府直接产生于人民；它是以人民的名义委任和建立的；它宣告接受委任，‘借以组织一个更加完善的联邦，建立正义，保证国内安定，并使自由的福泽’施及人民及其后代。……联邦政府的确是人民的政府。在形式和实质上，它都是来自人民的。它的权力由人民授予，直接对人民而且为人民的福利而行使这种权力。……它是全民的政府；它的权力由全民授予，它代表全民，并为全民而工作。”——马歇尔。见麦卡洛克诉马里兰案，1819年。

各州的冲突

现在让我们撇开关于批准宪法的冲突性质的比较一般性的论述，进而考察某些州的内部斗争并且研究某些参与其事的代表人物的意见。

新罕布什尔　根据一位法国的观察者的说明，在通过宪法期间，新罕布什尔相当分明地分成“贵族派”和“乡村派”；同时，朴次茅斯出版的《新罕布什尔观察报》在1787年8月27日的该报上，把工商利益集团列为赞成宪法的一派，而且认为“诚实的农民”也不曾表示反对。该报说，“诚实的人士”也不会反对联邦政府，因为政府要他履行以往的神圣契约，最后也会保障他的人格和财产。“商业利益集团”曾备受痛苦，因而他们希望并且赞成实现联邦的改革。……“手工业”不会反对宪法的，因为他们得知，一个有效率的政府会保护而且鼓励商业。……诚实的农民也不会反对；商业的发达势必增加对农民出售的商品的需求；如果他们的经济同工业联系起来，就能够缴纳自己的租税，他们可以扩充他们的农场，并且摆脱债权人的麻烦。既然没有一个善良的公民能够提出任何正当的理由反对新宪法，我们便敢断言，除了傻瓜和疯子之外，绝不会有人敢于反对宪法的。

马萨诸塞州　马萨诸塞州的宪法斗争就是动产集团与小农及债务人集团两者之间的尖锐冲突——这个事实曾为双方的有创见的领袖所公认。这种社会斗争的看法，曾在许多场合为许多著名观察家所提出，因而难从浩瀚的资料里面挑选一些对形势的最典型的说明。诺克斯将军的文字最为简明。他在1787年1月14

日，即州的代表会议开幕后数日，写给华盛顿一封信，对批准（宪法）的阵容描述如下：

“现在本州（马萨诸塞）有三个派别，他们的人数不同，在财富与人才方面彼此尤为悬殊。”

“第一派为该州的商界以及所有的小康人士、牧师和律师——其中包括全体法官、退伍军官和各大城市附近的人民，人数约占该州的七分之三。这一派赞成建立一个有力的政府；如果新宪法更像英国的宪法，他们一定会更加高兴。

“第二派为该州的东部，位于从前的缅因州——这一派主要希望建立一个新州，其中多数人是否赞成宪法，在于宪法是否便于实现他们的希望——这一派占七分之二。

“第三派为乱党及其信徒，他们大部分主张取消公私的债务，因而他们不会赞成新宪法——这一派占七分之二。”

在诺克斯形成对批准宪法的这种斗争的看法之前几个月，联邦派的煽动家早已忙于向实际的经济利益集团发出呼吁了。例如《马萨诸塞新闻报》于1787年10月26日便发表了一封署名“马卡斯”的书信；在这封信里，作者列举了可能享受新宪法的利益的集团，而且说道：“促进新宪法的实现对于商人是有利的，因为到时商业可成为国家的一种目的，而各国将与我们订立条约。和商业利益联合起来，对于技工是有利的，因为为了面包和牛油而发生争论并非他们的利益。它对于农民是有利的，因为商业的繁荣可以畅销他们的产物，提高他们的土地价值，同时商业税也可以减轻他们的赋税负担。它对于地主是有利的，因为千千万万拥有相当资产的欧洲人将会移居美国，如果一个有效率的政府能为他们提供安居乐业的前景。它对于所有的绅士和富人是有利的，因为他们可以看到许多下层的蛊惑民心的政客会减少自己的爪牙，这些政客的得志伤害了他们的感情，这些政客热衷于博得人望，授意订立了许多毁灭少数债权人而讨好多数债务人的法律。它对于美国的士兵是有利的，因为军人将会受到尊敬，而佛罗里达也可以一攻而下。西印度群岛和南美洲的战利品可以使下一代的辛辛那提富裕起来。它对于有才能的律师是有利的，因为最高法院的崇高职位可以满足他们的职业抱负，造成今日感觉不到的竞争……它对于牧师是有利的，因为国内的骚动扰乱了人心——灵魂被忽视了，而牧师都在挨饿，它对于一切受过开明而广博教育的人们是有利的，因为那时会有一个可容大家发挥才能的天地。"

实际上，立宪运动一开始，新制度的最卓越的拥护者就都十分了然摆在他们面前的斗争的真正性质。他们知道在"天然的贵族政治"和"动乱的民主政治"之间存在着根深蒂固的矛盾，这种矛盾当时正在给马萨诸塞州政府带来麻烦。波士顿的一位联邦派领袖斯蒂芬·希金森，于 1787 年 3 月便提出这样的分析："这些州〔新英格兰〕的内地的人民拥有太多的政治知识和过于强烈的对于无限制的自由的贪欲，因而他们不能由我们的脆弱的制度来统治；同时他们又很不熟习真正稳健的政策或合理的自由，而且也很少管理自己的美德。他们十分习惯于在我们现在的政府下所享受的政治地位，同时又爱好骄奢淫逸，因而当他们看到别人比自己拥有更多的财产时，却不能安分守己。由于这样的情绪，在地位和财产的差别存在之日，他们将不会安静下来的。他们又知道自己的力量，因而他们将不会轻易地罢休，直到他们攫取了政治权力，分得了财产，或者是他们受到了强迫，屈从于自己的本分和生活方式。”

宪法的反对派以及拥护派都明白彼此的阵容。鲁弗斯·金于1788年1月向麦迪逊解释双方的对立不是基于新制度的外表，而是基于财产的矛盾。他说：“担心人民的自由受到危害和不相信拥有财产或受过教育的人，对我们的反对者的思想的影响，比对宪法的任何具体反对的影响还要大……反对派揭露所有的律师、法官、牧师、商人和受过教育的人都赞成宪法——为此，他们便更加反对宪法了。”

有一位作家在1787年11月26日的《波士顿新闻》上面发表文章，谴责宪法的拥护者企图掩饰宪法的本质，并且列举了主张通过宪法的各集团。他说：“最后，智慧的光明照耀到这个重要的成果上。利害相关的宪法的拥护者所散布在人民眼前的迷云消散了，一如黑暗在燃烧的烛光面前消失了一样。……这些宪法的热心家不容人民有一点时间或机会使用他们的理智，而把宪法填进他们的咽喉；这些人物与那些早已蓄意在这里建立一种贵族政治的人物是一丘之貉——他们都要求一个稳定的政府，不管它是哪一种政府，只要它能够满足他们的要求。……他们不断地声言，谁也不能发现这个制度的缺点，除了那些希望不要政府的无力还债的人和担心丧失权力的现政府的官吏。……我们不妨考察一下宪法的最热烈的拥护者的品格。我们承认有许多无所为的公民，他们可能出于良善的动机而赞成宪法，但是他们是沉默的；至于多数的拥护者则极力遏止别人进行调查了解的一切打算；这些强暴的党徒企图要全体人民盲目地吞下这个糖衣苦丸。他们包括高等商人、公债持有者、富翁、政界名人、银行家和律师：这些人物加上他

们的喽啰,形成了贵族集团。”

在马萨诸塞州,不动产与动产在通过宪法问题上的矛盾的最好说明,见于科尼利厄斯 1787 年 12 月 11 日和 18 日的两封书信。他说:“我希望地主和工业利益集团之间,乃至任何人类阶级之间,都不会发生任何竞争。然而,只要竞争的机会存在,而人类的天性一如往昔,这种竞争就会存在的。住在沿海城市的公民人数众多;他们聚居一起;他们的利益融而为一;他们之间有经常联系和接触;在任何情形下,他们都能够集中他们的投票。土地利益集团的情形并非如此;他们散处各地;彼此很少联系与往来……我认为,已为这种形势奠定了基础:要把联邦政府的全部权力交给工业利益集团掌握,而我国的最庞大的土地利益集团陷于孤立无望的境地。我深以为憾地提出了这样的意见,但是我相信它是重要的,而且不是纯粹的幻想或误解。”

康涅狄格州　这里并未发生有如马萨诸塞州所遇到的那种精神上的斗争。但是埃尔斯沃斯却在这里发表了一连串拥护宪法的论文,这些论文流传甚广,读者众多。在这些文章中,他也揭露了农业与动产之间的矛盾,但是企图调和两方面的利益。埃尔斯沃斯开头说道:“本文的作者的早期生涯是从事商业;在工业和贸易方面获得一宗资产之后,他便转而购置农场,迄今他在过着农民的生活。以他的现在职业来说,他们关心农业的繁荣,而且与农民的利益一致。由于他熟悉商业的情形,他没有他的邻人的那种偏见和嫉妒,他们既没有同人有所交往,也没有学得管理广大流动资产的经验与方法。基于一种诚恳的意愿,他愿意向他的同胞谈论一些政治问题;这些问题现在正为大家所注意,而且势将大大影响地产的价值。”

埃尔斯沃斯说，这个说明的主要含义是关于他的基本经济利益是农民的利益，并非事实。不过这并不影响这里提出的问题。埃尔斯沃斯承认，反对派在本质上都是农民，从而他装作一个农民来说服他们。之后，他便分析反对派。他首先提出保王党，把他们当作反对通过宪法的主力，因为宪法会妨碍大不列颠。其次，他指出欠钱的人们。他说："其次应该提到的是不顾信义不知勤勉的无赖的债务人。他们长期接受债权人和社会怜悯的救助，同时则天天毁灭成千的忠实人士。他们只能靠纸币和支付法生存。现在大家已经明白：谁要赞成这些办法，谁就等于宣告自己是一个无力偿还债务的人……在反对派里面还有一种人：他们在政治上自命甚高，而其身份却不足以获得政治地位，只能在自己生长的小天地里散布妒意。他们往往嫉妒有地位有声望的人物，并且以怀疑每一个社会地位较高的人物来抬高自己的身价。……但是在现在的情况下，在地方机关里享有有利地位的人物，如果是自私自利，也会被诱而反对改革，因为这种改革无疑将会有利于人民。放弃在各州里支配金融或其他要职的权力，而在联邦制度下担任一种任务，那一定是一种可怕的考虑。”

埃尔斯沃斯认为反对派里最重要的分子，除了保王党和官吏之外，显然就是农民派。这是有事实根据的。沙伦——康涅狄格州的纸币派的一个主要城市——反对批准宪法，却投票帮助谢司，而且一再企图通过纸币发行法案。在几封反对宪法的书信和演讲里，我们可以看出农民的哀怨。

康涅狄格州的宪法反对派并没有领导宾夕法尼亚和马萨诸塞

州反对派的那种高明战士，因而也没有那样的争论。在州批准会议里的辩论也没有记录下来（一些片断除外）。但是在州议会里，对于选派代表出席费城会议一案的斗争，却说明了小农集团对整个运动的反抗和罗得岛及马萨诸塞州的农民的反抗是相似的。

萨费尔德的代表格兰杰先生反对选派代表出席费城会议的提议，因为他们认为这是违反他的选民的意志；他认为这个提议会使人民的自由受到危害……他最后说道，他推想这些事情有一种趋势，要在这个国家里面建立一个王国政府。诺福克市的代表汉弗莱先生赞成格兰杰的意见，他说："他赞成罗得岛的政策，不派代表出席会议，这种行动是值得效法的。"恩菲尔德的代表珀金斯先生"反对这种做法，他说本州一定会选派养尊处优的人物，他们并不同情困苦的人民。"

纽约　如果我们记得当时由于批准（宪法）而发生的一场大论战，题为"联邦党人"的文章虽然流行各地，却主要是针对纽约的选民而发表的，那么我们再要调查该州的领袖们对于当时斗争的态度，这似乎是一种多余的工作。虽然如此，还是值得一提汉密尔顿对于这件事情的分析。他赞成宪法，他重视"起草宪法的一些人士的影响，尤其是举世闻名的华盛顿将军——各州商业利益集团的好意，它可以全力支持建立一个能够管制、保护而且发展合众国贸易的政府——各州大多数有产人士的好意，他们希望建立一个政府，可以保护他们不受国内暴力的侵犯和国内的妖魔对财产的掠夺……多数人民坚决相信，现在的邦联不足以维护合众国的存在"。

关于反对宪法的力量，汉密尔顿则把它们归之于各州政府的显要的矛盾和一部分企图自肥的蛊惑人心的政客的影响。"除了这些原因之外，则为人民对民主的嫉妒，他们生怕新制度会把社会的权力置于少数人的手里，并使少数个人占据显要的地位。"

新泽西和特拉华　在这两州里，由于宪法的迅速批准，遂使尖锐的矛盾无从发展起来，虽然这里存在着发展矛盾的经济基础。因为没有实际的斗争，我们也就无从发现当时的作家们对于这个问题的论述了。

宾夕法尼亚　在本州批准宪法的斗争中，城市与乡村、动产与不动产之间的对立是非常显著的，因而这种对立有目共睹，而且成为双方领袖人物一再深入论述的题目。柯克斯于 1787 年 9 月 21 日致函麦迪逊，叙述该州议会关于召开批准会议的争论情况，他在报告当日的情形之后，接着写道："从这些事实中，我们看出了西部人民（即农民）对于新宪法甚为猜忌；十分显明，曾经领导立宪派（或激进派）的人们也坚决反对它。"一个月以后，柯克斯再次致麦迪逊说："在这里，对立愈加公开了。立宪派的领袖（地方的激进派）和西部利益集团采取了一致的行动。本市的人民主要是联邦派，虽然我担心在各个县里并非如此。"

古沃纳·莫利斯大约在同时从费城致函华盛顿，他说："说到本州，我尚难断言他们会表示赞成。本城及其附近地区的确是十分热心的。我担心边远县份的冷淡情绪，尤其担心某些人们的活动，他们已经习惯于靠公务为生，不能容忍被人解除他们在州政府的权力和利益，这曾经是、而且仍然是他们自身、他们的家族以及他们的从属赖以为生的手段。"对于对立的阵线的本质作出这种解释，在宾夕法尼亚的联邦派领袖的著作里多不胜数；这里无须再加列举。

反对派的领袖则经常提到城市与乡村的对立。该州议会的反对派曾向人民提出抗议，反对匆促召开州代表会议，他们宣称："我们甚以为憾，当时（即选举出席全国制宪会议代表时）州议会选派出席会议的代表全部都是费城的公民，没有一人算作代表宾夕法尼亚州的地产利益集团，而且几乎全部属于一个政治派别，他们曾一致反对你们所一再拥护的（州）宪法。"

著名的"森提内尔"（Centinel）通讯的作者在拥护新宪法的运动中看出了"富翁和野心家"的阴谋；他们"在任何社会里，总以为自己有权对自己的同胞称王称霸"。事实上，这位作家的通讯由于新制度的真正本质，而对宪法的通过提出了最富于哲理的论据。

"森提内尔"在它的一连串通讯中，一开始便痛斥联邦派的草率行事，之后便攻击宪法，认为它是少数活动分子的作品。他说："最近的革命曾经大规模地扫除了一切以前的习惯与现在的制度；这不过是晚近的事情，因而这里并没有巨大的阻挠改革的阻力，这种力量在古老的社会里是十分显著的……富翁和野心家，他们在任何社会里总是以为自己有权慑服自己的同胞，十分成功地利用了这种有利的趋势，因为情绪不定的人民可以接受任何极端的政治。他们所经历的种种困难痛苦，各有不同的原因，然而却一概归之于现在邦联政府的无能，他们从而受到了一种引导，希望从采用新的政府制度上获得彻底解放，否则作为一个国家只有立即毁灭。"

"森提内尔"警告自己同胞，在支持宪法问题上不要让人家利用华盛顿和富兰克林的大名而使自己产生虚伪的安全感之后，像亚当斯在《保卫宪法》中阐述均权那样进而分析新制度的基本因素，而且指出"在给当代最热烈主张创制权和公民投票者带来荣誉这一方面民主"与联邦派的政治观念的固有矛盾。"亚当斯先生的好政府的要素是三权分立，其间的互相制衡可以使各集团的利益得到平衡，从而促进整个社会的幸福。他认为，每一个政府的行政官员总是依照私人的利益和野心行事，损害公益；因而为要保障人民的权利并增进他们的福利，唯一有效的办法，就是在行使政府权力的两个不同机构的成员之间制造一个利益的对立，并且由第三者加以平衡。这种理论假定了人类的智慧能够创立的三权鼎立的政府，同时社会上也有一种相应的力量使它们能行使各自的职权，而且它们的见解和利益又很不相同，以致阻止两者联合起来摧毁第三者。亚当斯先生虽然在历史提供的资料里探索了历史上各种政府形式的结构，但他却不能发现一个这种政府的例子；他的确说过，英国宪法在理论上就是如此的，但是这种说明适足以证明他的原则是一种空想，而且不能付诸实行。如果这样的权力组织可以付诸实行，它会维持多久呢？一天也不能。因为人类的才能、智慧和勤奋极为悬殊，因而权力的天秤很快就偏重于这个或那个机构，同时权力每转移一次，更进一步增加权力的手段也就更大地发展起来。英国的社会状况比美国更适宜于实现这样的政治计划。他们有一个有权的世袭的贵族阶级，各阶层和利益集团有实际的区别；然而就在英国，由于在政府三种机构里缺少权力的彻底平等与利益的区别，这种政治也只能在名义上存在；约束行政当局行动的唯一实际有效的手段，就是普遍的民意……如果每一个政府的行政官员总是依照私人的利益和野心行事，那么这几个互相倾轧的

利益集团怎会产生社会的福利和幸福呢?"

"森提内尔"反对亚当斯、麦迪逊的均衡的经济利益与无害的立法机关的学说(这是联邦派理论的实质),他相信不同的财产集团不应该在政府里互相对抗,宪法的基础必须建立在对社会上广大的无差别的群众的政治能力的信任上面。但是我们必须注意他所说的无差别的群众大部分都是财产的持有者。他说:"我相信将会发现,握有这种被赋予的权力,对自己的选民负有极大责任的政府形式,对自由人来说是最适当的。一个共和政府或自由政府,只有在人民的机构公正无私和财产的分配相当平等的地方才能存在。在这样的政府里面,人民是至高无上的,他们的意见是一切政治措施的准绳;因为如果不是这样,政府的性质就会变了,而贵族政治、君主政治或专制政治就会在它的废墟上面建立起来。只有一个组织简单的政府才能负起最高的责任,因为广大的人民从不经常注意政府的活动,还因为他们缺乏容易受其影响的情报。如果你通过各种法令把计划搞得十分复杂,人民对于政治责任的见解就会产生分歧;有人将归罪于参议院,有人则将委过于众议院,诸如此类;人民的干预可能使问题不能得到完满的结果,或者是根本没有结果。如果你采取宾夕法尼亚州的宪法,把立法的权力赋予一个机构(同行政和司法分开),任期短暂,轮流更替,更以立法程序上的种种规定避免草率行事,那么,如果人民一旦发觉有遗憾之处,他们将不致错认谁是罪首,而采取果断、有效的办法予以补救:在下一届的选举中把他们刷掉。"

显然,在宾夕法尼亚州,有很多的投票人都清楚地理解宪法所规定的分权的意义。费城会议结束之后,曾有一份由费城市民广

泛签名送交给该州批准会议的请愿书。在这份请愿书上，签名者表示赞成宪法，而且说道："合众国的权力分为三部分，这使本市的大多数公民至感欣慰，他们长年受制于一院制的议会，深感不便。一切单一制的政府，不论其权力交给一人，或者交给少数人，或一个人民的机构，都是暴君政治。"

马里兰　马里兰州批准宪法的斗争非常尖锐，一切问题都在报纸的论文中和小册子里讨论解决。所有的争论都承认这是债务人与债权人之间的斗争，是殷实户与农民之间的斗争。汉森在他献给华盛顿的小册子里表示赞成宪法；他认为有人责难宪法是财产的工具，这是值得加以答复的。他说："你曾经听过拟议的宪法是专为富人打算的说法么？在所有的政府里面，不只是专制政府，富人在许多事情上一定要获得好处，因为他们拥有许多成为人类的目的的东西。在拟议的宪法中，并没有特别优惠他们的条款……这就是谴责宪法实际上保护财产的正当理由么？不然，就是反对者要制造一场全面的混乱呢？"

另一个联邦派的作家西维斯在1788年2月1日的《马里兰日报》上向选举州代表会议代表的选民呼吁，要他们谨慎行事，俾使宪法可以获得通过。他痛惜"拥有资产、声望和能力的人士，自从战争结束以后大多数都退出了公职"，但是他希望"在这严重的关头，他们会以精诚的爱国热情，重新迈步向前，使他们的亲爱的祖国逃出无政府和灭亡的虎口"。他劝告人民不要选举不如愿的人士："我要特别指出，在这危急关头，那些作为你们特别讨厌的人物，就是所有绝望的或处于困境的人物，可能曾是纸币的拥护者，他们希望在国家的整个灭亡中逃脱出来。"

在另一方面，马里兰的许多宪法反对派则毫不含糊地宣称，这次的斗争是财产和没有什么财产的人民之间的斗争。卢瑟·马丁的观点就是这样的；他反对宪法，就因为宪法禁止各州干涉财产权。这种反对的情绪也反映在对上述西维斯的呼吁的一篇答复中，这篇文字以讽刺的笔调，呼吁选民只选举富翁和名流出席州的代表会议。它说："不要选举负债的人，因为负债证明他缺少料理私务的知识……一个负债人难得是忠实的……不要选举赞成纸币的人物，因为没有一个忠实的人物会赞成这种措施。除了债务人和无赖之外，谁也不会赞成这种恶魔似的计划……不要选举这样的人物，他们曾拥护这样的法律：允许破产的债务人忠实地献出全部的财产听由债权人利用，以解除他们的永远监禁。议会无权干涉私人的契约；债务人应该安心信赖的债权人的宽宏慈惠，他们不会使他们终身监禁，除非他们是罪有应得。……拥有巨产的人物非常热心于本州的福利；他们最能鉴别政府的形式与平民及下等阶级人民所独享的种种自由。有产的人士拥有天生的和习得的悟性，其证明就在于他们能够积累财富，或者保全而且增加他们从祖宗那里继承下来的财富。他们最能了解人民的需要和希望，他们经常准备在公私的职位上解救人民。"

弗吉尼亚　麦迪逊说，他发现本州的"具有理智、爱国心、财产和独立能力的人士"，在宪法问题上却分成两派，虽然在其他各州，这一类的人物总是"热心拥护"宪法的。但是和他同时代的一些人士并没有反映这样的见解。如我们已经指出的，马歇尔则认为这一次的斗争是界线分明的两派之间的斗争，一方面是赞成维持公私权利完整的人们，另一方面是主张通过立法打击这些权利的人们。麦迪逊本人后来也说，“能力卓越的人士”都站在宪法的一面。查尔斯·李也说：“除了少数人以外，在（弗吉尼亚代表会议的）代表当中，最有知识、能力和声望的代表都是赞成宪法的。”

帕特里克·亨利则把全体的小农列为反对派。他在弗吉尼亚代表会议上说：“我相信这是实在的，即庞大的小农群众都坚决地反对宪法。我可以确信地说，在互相接壤的十九个县里，十分之九的人民都是由衷地反对宪法的。我也许会错，不过我只把它作为自己的意见提供给你们；我的意见基于我个人对某些措施的了解和其他的权威……你们没有坚实的实体——被统治的人民的心和手。”

北卡罗来纳　如果该州赞成和反对宪法的领袖们不知道他们所发动的斗争的性质，那才是一桩怪事。这里，纸币和债务人派很有力量而且活跃，曾经使有产者惴惴不安。有产者的代表们，作为实际行动者，都知道他们为什么要支持推翻旧制度。戴维在该州批准会议上说：“这对于农业和商业的利益集团是生死攸关的，各州应该停止制造纸币、停止制定分期偿付法与无益的法案。这些不正当的法律大大损害了商人和农民的正当权利。但是在联邦法院里，现币将会迅速地恢复过来，以苏民困。”约翰斯敦州长谈到同样的问题——纸币——时也说：“每个有产者、每一个有相当事业的人，不论是商人、农业家、工匠或其他人物，一定受到了通货的有害影响。”

在来往的书信上，在演讲里，处处证明了大家都承认利益集团的冲突的性质。例如麦克莱恩于 1788 年 1 月 15 日致艾尔德尔的信里便说：“在新汉诺威县，人民如果听其自由选择，他们都是赞成改革的。某些蛊惑人心的政客、少数负债人物以及所有的官吏，除了县法院的法官之外，却坚决反对任何改革，最少是反对可以达到这个目的的改革。我们的朋友哈斯克就是在威尔明顿市反对宪法最力的一个人。究竟是野心还是贪婪，或者二者兼有，使他要这样做，我让你自己去判断。我期待几周以内有一卷《联邦党人文集》问世，它实在是一种公正而坦率的作品，虽然不合乎平民的需要……你的老友哈斯克和李德已经勾结了该县所有的下等流氓（即乡村派），而且运用卑劣的手段，煽惑百姓反对宪法。哈斯克是该县的候选人之一。”

城市与乡村的冲突，曾由艾尔德尔的传记作者加以说明：“（革命）战争之后，威尔明顿市与新汉诺威县之间便发生了长期不和。‘主张改革’的领导人物不是保王党便是那些态度暧昧而使人怀疑的人们；乡间的居民只能很坏地忍受他们的幸运。从那时到现在（1857 年），市民政治与前者始终是对立的。商人在城市里总是占优势的阶级：经常的往来使他们便于团结，并使他们控制了金融机关，而他们对于新闻业的赞助更使他们增加了潜在的影响。”

南卡罗来纳　北方学者能够得到的关于南卡罗来纳批准宪法经过的文献，比较不足。然而，从内地农业区域与沿海的商业区域之间的显著的斗争中看，我们却不难想象代表各自地区参加批准（宪法）斗争的领导人物并不会看不到这点。这种矛盾表现在一次修改州宪法的宣传战上，这次争论恰恰是在通过新宪法时发动的。在这次争论中，据说改革派的喉舌——“阿皮乌斯”——曾宣称，“财富不应有代表；富有的公民应该比他的贫苦邻人享受更少的选举权；财富的许多优势应该尽量予以剥夺，然后财富会更多；政府给予财产以保护自身的权力，这个政府就会变为贵族政府”。

“阿皮乌斯”概述自己的政治理论之后，便分析了形成该州政治矛盾的经济利益集团的分布状况。“上部地区和下部地区几乎在每一个具体问题上都有对立的习惯和见解。一方面习惯于浪费，另一方面则习惯于节俭。一方面赞成多设官职、提高薪俸、增加政府的开支，另一方面基于当地人民的微薄资产与简朴的生活方式，都赞成低额的租税、低微的薪俸与实行节约的政府。一方面几乎进口了一切消费品，而以自己的产品来支付，另一方面却远隔航运业的中心，没有什么东西可以出口，必须力求自给。结果，一方面赞成商业，另一方面则赞成制造业；一方面需要奴隶，另一方面则最好不要奴隶。”“阿皮乌斯”根据这些利益的对立，进而主张必须重新分配代表的名额，偏僻的农村地区得到应有的名额，使多数人能够支配政治。

对于这种主张，福特却以联邦主义者的说法加以答复。财产的权利先于宪法而存在；州宪法承认并保证这些权利，少数人的财产权利永远不要受到多数人的侵犯。否则，他说，“社会上的弱者确实没有任何权利可言：他们的生命、自由和财产将不会受到社会契约的保证，因为多数人可以不受社会契约的约束，可以随意加以部分的和全部的破坏。……善恶将无从分辨；极其错误的见解如为多数所赞成，会成为神圣不可侵犯；而最公正的反抗如发自少数，则必受惩罚。如果正义系源于超越人类制度的更高的源泉（谁能够加以否认呢），我认为多数人就没有权利侵犯这种正义”。因而任何制度上的改革，如果剥夺了沿海地区少数人在州政府中的优势，都不能不受严厉的谴责。

这些评论家在1794年曾如此明白地承认该州的经济矛盾，而六年以前该州关于批准联邦宪法的投票也表现了这种矛盾，因而我们不能设想在早期的斗争中，他们会忽视了这种矛盾。

在后来出席南卡罗来纳州批准会议的戴维·拉姆齐博士为宪法辩护而作的小册子里，的确发现证明。他特别警告他的同胞，要反对债务人。他说："必须提防，不要误选了负债的人物；他们可能希望宪法遭到否决，因为宪法规定：'各州不能发行债券，不能以金银铸币以外的东西作为偿债的法币，不能通过追溯以往的法律或变更契约义务的法律。'这对于那些希望欺骗债权人的债务人实在是难受的，然而它对于社会上的诚实分子却是切实的服务。慎重考察反对新宪法的人物的人品和状况，你也许会发现上述各条就是他们中间某些分子反对宪法的真正理由，虽然他们会以各州利益和全民自由等等漂亮的借口来掩饰这种理由。"

佐治亚　在佐治亚州，宪法迅速而一致的通过，似乎阻止了对于这个问题的争论。的确，当时该州的力量都集中在准备防御印第安人这件事情上去了，而且那里也没有从容发表议论的时间。外患往往平息了内争。

结　论

在完成了上面冗长而枯燥的研讨后，似乎值得把各个重要结论归纳起来，对政治学来说，本书提供的资料是可以作为根据的。

合众国的宪法运动主要是由四个在《邦联条款》下受到损害的动产集团发起和推动的。这四个集团是：货币、公债、制造业、贸易和航运。

制宪的第一个稳健的步骤是由一个小而积极的集团完成的，他们通过自己的私人财产从自己的努力结果中获得了直接的利益。

关于召开制宪会议的提议，并未经过直接或间接的人民表决。

由于对选举资格的限制普遍存在，大量没有财产的人民始终未曾参与（经过代表）制宪的工作。

起草宪法的费城会议的成员，除少数外，都从新制度的建立上获得了直接的私人利益。

宪法在基本上是一项经济文件，它的基本观念是：基本的私人财产权先于政府而存在，在道德上不受人民多数的干涉。

据记载，制宪会议的大部分成员都承认财产权在宪法上应有特殊的巩固的地位。

在批准宪法方面，约有四分之三的成年男子未能参加对于这个问题的表决；他们或者由于漠不关心，或者由于财产限制而被剥夺了公民权，而没有参加选举出席州代表会议的代表。

宪法的批准，大约只有不到六分之一的成年男子投票赞成。

在纽约、马萨诸塞、新罕布什尔、弗吉尼亚和南卡罗来纳等州，参加州代表会议代表选举的多数选民是否确实赞成批准宪法，是有疑问的。

在各州批准会议上拥护宪法的领袖们，所代表的经济利益与费城会议成员所代表的经济利益完全相同；其中的多数人也都从他们的努力结果上获得了直接的私人利益。

在批准问题上，事实表明赞成和反对宪法两派之间有一条鸿沟，一边是殷实的动产利益集团，另一边是小农和债务人集团。

宪法并不像法官们所说的那样，是“全民”的创造；也不像南方废宪派长期主张的那样，是“各州”的创造。它只是一个巩固的集团的作品，他们的利益不知道有什么州界，他们的范围的确包罗全国。

图书在版编目(CIP)数据

美国宪法的经济观/(美)查尔斯·A.比尔德著;何希齐译.—北京:商务印书馆,2017
(汉译世界学术名著丛书:120年纪念版:珍藏本)
ISBN 978-7-100-14411-7

Ⅰ.①美… Ⅱ.①查… ②何… Ⅲ.①宪法—研究—美国 Ⅳ.①D971.21

中国版本图书馆CIP数据核字(2017)第153915号

汉译世界学术名著丛书
(120年纪念版·珍藏本)
美国宪法的经济观
〔美〕查尔斯·A.比尔德 著
何希齐 译

商 务 印 书 馆 出 版
(北京王府井大街36号 邮政编码100710)
商 务 印 书 馆 发 行
北京中科印刷有限公司印刷
ISBN 978-7-100-14411-7

2017年12月第1版 开本710×1000 1/16
2017年12月北京第1次印刷 印张16¼
定价:80.00元